MIX
Papier aus verantwortungsvollen Quellen
Paper from responsible sources
FSC® C105338

Anika Wawzyniak

Mädchen spielen mit Puppen – Jungen auch?

Vorstellung eines konkreten Unterrichtskonzepts zur möglichen Thematisierung von Geschlechterstereotypen im Deutschunterricht der Grundschule

Bachelor + Master Publishing

Wawzyniak, Anika: **Mädchen spielen mit Puppen - Jungen auch? Vorstellung eines konkreten Unterrichtskonzepts zur möglichen Thematisierung von Geschlechterstereotypen im Deutschunterricht der Grundschule, Hamburg, Bachelor + Master Publishing 2013**
Originaltitel der Abschlussarbeit: Möglicher Umgang mit Geschlechterstereotypen im Deutschunterricht der Grundschule

Buch-ISBN: 978-3-95549-297-7
PDF-eBook-ISBN: 978-3-95549-797-2
Druck/Herstellung: Bachelor + Master Publishing, Hamburg, 2013
Zugl. Landesamt für Lehrerbildung Brandenburg, Brandenburg, Deutschland, Staatsexamensarbeit, Dezember 2011

Bibliografische Information der Deutschen Nationalbibliothek:
Die Deutsche Nationalbibliothek verzeichnet diese Publikation in der Deutschen Nationalbibliografie; detaillierte bibliografische Daten sind im Internet über http://dnb.d-nb.de abrufbar.

Das Werk einschließlich aller seiner Teile ist urheberrechtlich geschützt. Jede Verwertung außerhalb der Grenzen des Urheberrechtsgesetzes ist ohne Zustimmung des Verlages unzulässig und strafbar. Dies gilt insbesondere für Vervielfältigungen, Übersetzungen, Mikroverfilmungen und die Einspeicherung und Bearbeitung in elektronischen Systemen.

Die Wiedergabe von Gebrauchsnamen, Handelsnamen, Warenbezeichnungen usw. in diesem Werk berechtigt auch ohne besondere Kennzeichnung nicht zu der Annahme, dass solche Namen im Sinne der Warenzeichen- und Markenschutz-Gesetzgebung als frei zu betrachten wären und daher von jedermann benutzt werden dürften.

Die Informationen in diesem Werk wurden mit Sorgfalt erarbeitet. Dennoch können Fehler nicht vollständig ausgeschlossen werden und die Diplomica Verlag GmbH, die Autoren oder Übersetzer übernehmen keine juristische Verantwortung oder irgendeine Haftung für evtl. verbliebene fehlerhafte Angaben und deren Folgen.

Alle Rechte vorbehalten

© Bachelor + Master Publishing, Imprint der Diplomica Verlag GmbH
Hermannstal 119k, 22119 Hamburg
http://www.diplomica-verlag.de, Hamburg 2013
Printed in Germany

Hinweis: In dieser Veröffentlichung wurden die Namen aller beteiligten Kinder geändert. Auch Hinweise auf die Schule, in der die Unterrichtseinheit durchgeführt wurde, wurden entfernt. Das im Text erwähnte Lesebegleitheft kann hier aufgrund urheberrechtlicher Gründe nicht veröffentlichend werden. Ich bitte um Verständnis und hoffe, dass die Arbeit dennoch eine Anregung sein kann.

Inhaltsverzeichnis

0.	*Einleitung*	5
1.	*Typisch Mädchen – typisch Junge?*	7
1.1.	Geschlechterzuschreibungen und Rollendifferenzierungen	7
1.2.	Kindliche Wahrnehmung von Geschlechterzuschreibungen	8
1.3.	Die Schule als Lern- und Gestaltungsraum kritischer Reflexion von Geschlechterstereotypen	10
1.4.	Einfluss und Bedeutung der Lehrenden bei der Entwicklung und Hinterfragung von Geschlechterstereotypen	11
2.	*Das Bilderbuch und der kindliche Rezipient*	13
2.1.	Was ist ein Bilderbuch?	13
2.2.	Funktionen des Bilderbuches	13
2.3.	Das Bilderbuch als Fenster zur Welt	14
2.4.	Welche Bilderbücher eignen sich zur Thematisierung von Geschlechterstereotypen mit Grundschulkindern?	15
2.5.	Das Bilderbuch „Paul und die Puppen"	17
2.5.1	Inhaltliche Zusammenfassung	17
2.5.2.	Inhaltliche Aspekte und ihre Bedeutung für eine (erste) kritische Auseinandersetzung mit Geschlechterstereotypen	17
3.	*Unterrichtssequenz zum Bilderbuch „Paul und die Puppen"*	20
3.1.	Vorüberlegungen zur Sequenz und zur Lerngruppe	20
3.2.	Darstellung didaktisch-methodischer Entscheidungen	21
3.2.1.	Tabellarische Sequenzplanung	21
3.2.2.	Einordnung in den Rahmenplan	21
3.2.3.	Begründung der Unterrichtssequenz und ihrer Strukturierung	23

4.	**Die einzelnen Unterrichtsstunden zum Bilderbuch**	
	„Paul und die Puppen"	25
4.1.	Didaktisch-methodische Darstellung	
	und Begründung der ersten Stunde	25
4.2.	Reflexion der ersten Stunde	26
4.3.	Didaktisch-methodische Darstellung	
	und Begründung der zweiten Stunde	26
4.4.	Reflexion der zweiten Stunde	28
4.5.	Didaktisch-methodische Darstellung	
	und Begründung der dritten Stunde	30
4.6.	Reflexion der dritten Stunde	31
4.7.	Didaktisch-methodische Darstellung	
	und Begründung der vierten Stunde	33
4.8.	Reflexion der vierten Stunde	33
4.9.	Didaktisch-methodische Darstellung	
	und Begründung der fünften Stunde	35
4.10.	Reflexion der fünften Stunde	36
5.	**Schlussbetrachtungen**	38
6.	**Literaturverzeichnis**	40

0. *Einleitung*

Die vorliegende Arbeit beschäftigt sich mit der Frage, welche Bedeutung einseitige Geschlechterzuschreibungen für die kindliche Entwicklung haben können. Sie beleuchtet, wie Kinder selbst Geschlechterzuschreibungen wahrnehmen und wie sie mit diesen umgehen. Anschließend soll betrachtet werden, welchen Einfluss Schule und Lehrkräfte auf die Entwicklung einer kritischen Reflexion von einseitigen Geschlechterzuschreibungen und Geschlechterstereotypen nehmen können und sollten.

In diesem Zusammenhang wird ein schulpraktisches Beispiel geliefert, indem eine Unterrichtssequenz zur Thematisierung von Geschlechterstereotypen im Deutschunterricht einer ersten Klasse vorgestellt und darlegt wird, wie für jene Lerngruppe ein direkter Zugang zum Thema geschaffen werden kann, ohne die Schüler[1] zu überfordern. Geeignet scheint hierfür der Einsatz eines Bilderbuches, weswegen zunächst dargestellt wird, was ein Bilderbuch ist und welche Relevanz Bilderbücher für die kindliche Sozialisation haben können. Es wird darauf eingegangen, welche Bilderbücher sich für die Thematisierung von Geschlechterstereotypen mit Grundschülern eignen könnten und ein solches Bilderbuch vorgestellt – „Paul und die Puppen"[2].

Im praktischen Teil der Arbeit wird die Planung, Durchführung und Reflexion der Unterrichtssequenz im Mittelpunkt stehen und in einer abschließenden Betrachtung noch einmal reflektierend zusammengefasst, ob das Vorhaben, bereits mit Schülern einer ersten Klasse Geschlechterstereotypen zu thematisieren, in der entsprechende Lerngruppe tatsächlich gelingen konnte.

Die Entscheidung für diese Unterrichtssequenz ergab sich aus verschiedenen Gründen. Einerseits interessiere ich mich persönlich seit meinem Studium für die Thematik. Andererseits konnte ich schon häufig feststellen, dass Geschlechterzuschreibungen durchaus auch in jener ersten Klasse eine große Rolle spielen. So steht z.B. Anna[3] oft weinend vor mir, weil sie wieder als Junge bezeichnet wurde – und das nur, weil sie kurze Haare hat. Einige Mädchen wollen zudem regelmäßig für ihre schönen Frisuren, einige Jungen für ihre Schnelligkeit und Stärke gelobt werden. Tom z.B. behauptet zudem gerne, er müsse nicht Seilspringen, denn das machen nur Mädchen. André wiederum versteht die Welt nicht

---

[1] Im Sinne der besseren Lesbarkeit werden in der vorliegenden Arbeit ausschließlich männliche Formen verwendet, die aber immer auch weibliche Personen einbeziehen.
[2] Lindenbaum, Pija: Paul und die Puppen. Weinheim/Basel: Beltz. 2008. [Im Folgenden zitiert als [Paul]].
[3] Alle Namen der Kinder wurden geändert

mehr, wenn Andere lachen, weil er mit einer rot gefärbten Haarsträhne in die Schule kommt.

Diese Beispiele machen deutlich, dass bereits Erstklässler mit konkreten Erwartungen an ihr geschlechtsspezifisches Verhalten und Aussehen konfrontiert werden. Sie versuchen, diese Erwartungen zu deuten, (meistens) zu erfüllen und fordern sie gleichzeitig auch von anderen Kindern ein. Erwartungen können ihnen Halt und Orientierung bieten und ermöglichen darüber hinaus eine Identifikation. Eine einseitige Identifikation sollte allerdings vermieden werden. Sinnvoller ist es, vor allem jungen Menschen unterschiedliche Handlungs- und Verhaltensmuster aufzuzeigen. Denn nur so kann bei ihnen ein Bewusstsein dafür entstehen, dass einseitige Geschlechtszuschreibungen die individuelle Entwicklung einschränken und darüber hinaus zu Benachteiligungen führen können.[4] Eine frühzeitige Thematisierung und Reflexion im Unterricht hingegen kann meiner Ansicht nach helfen, Schüler, unabhängig von ihrem Geschlecht, darin zu unterstützen, ihre individuelle Persönlichkeit zu entfalten und im besten Fall reflektierende Erwachsene zu werden.[5]

---

[4] Sasse, Ada/ Valtin, Renate: Als Frau geboren? Geschlechterstereotype und Rollendifferenzierungen. In: Deutsch differenziert. Zeitschrift für die Grundschule 1/2011. S. 10. [Im Folgenden zitiert als [Sasse/Valtin 2011/a]].
[5] vgl. http://bildungsserver.berlin-branden-burg.de/fileadmin/bbb/unterricht/rahmenlehrplaene_und_curriculare_materialien/grundschule/Deutsch-RLP_GS_2004_Brandenburg.pdf S. 7. [Im Folgenden zitiert als [Rahmenplan]].

1. Typisch Mädchen – typisch Junge?

1.1. Geschlechterzuschreibungen und Rollendifferenzierungen

In allen Kulturen ist das Geschlecht ein wichtiges und identitätsstiftendes Merkmal mit dem alle Menschen von Geburt an konfrontiert werden. In diesem Zusammenhang gibt es verschiedene Erklärungsansätze zu den Geschlechtern und ihren vermeintlichen Unterschieden[6], deren spezifische Darlegung allerdings den Rahmen dieser Arbeit überschreiten würde. Es muss jedoch betont werden, dass die, nach wie vor weit verbreitete Annahme, die Unterschiede zwischen den Geschlechtern seien biologisch bedingt, nicht tragbar ist, da kein eindeutiger Zusammenhang zwischen genetischer Ursache und der Auswirkung auf geschlechtsspezifische Verhaltensweisen besteht.[7]

Dennoch werden bereits an Neugeborene unterschiedliche Erwartungen gestellt, abhängig davon, ob sie Jungen oder Mädchen sind. Dadurch lernen Kinder schnell, was in ihrer Kultur als „(…) männlich und als weiblich (…)"[8] bezeichnet und anerkannt wird: "Kinder inszenieren sich als Jungen oder Mädchen mittels Stimme, Gesten und Kleidung in verschiedenen Situationen (Alltag, Spiel, gegenüber Erwachsenen), bereits bevor sie körperliche Merkmale entwickeln. Sie erproben ihre Inszenierung und orientieren sich dabei häufig an Vorbildern (…)"[9]. Dieser Prozess der Identifizierung mit dem eigenen Geschlecht kann durchaus Orientierung und Sicherheit bieten. Als Teil der menschlichen Sozialisation wird er immer entscheidend vom Umfeld eines Kindes geprägt, welches nicht nur das Elternhaus, sondern auch Medien, Gleichaltrige sowie Schule und Kindergarten umfasst. Problematisch ist, dass Geschlechterzuschreibungen und Rollendifferenzierungen viel zu oft routiniert an Kinder weiter gegeben werden, obwohl durch sie oft Vorurteile gefestigt und negative Zuschreibungen an das entsprechende Geschlecht gebunden werden, wodurch vor allem auch Benachteiligungen entstehen können.[10]

---

[6] Börner, Simone/Buchholz, Thomas: Geschlechtsunterschiede – Erklärungsansätze und Strategien. In: Deutsch differenziert. Zeitschrift für die Grundschule. 1/2011. S.7. [Im Folgenden zitiert als [Börner/Buchholz 2011]]
[7] Kasten, Hartmut: Weiblich – männlich. Geschlechterrollen durchschauen. 2. Auflage. München: Reinhardt. 2003. S. 34.
[8] Sasse/Valtin 2011/a. S. 10.
[9] Michalek, Ruth/ Schönknecht, Gudrun: Junge sein – Mädchen sein: Forschungsstand und Perspektiven. In: Heinzel, Frederike(Hrsg.): Kinder in Gesellschaft. Was wissen wir über aktuelle Kindheiten? Frankfurt/Main: Grundschulverband. 2010. S. 93. [Im Folgenden zitiert als [Michalek/Schönknecht 2010]].
[10] vgl. Börner/ Buchholz 2011, S. 7.

Wenn im Folgenden dargestellt werden soll, inwieweit Schule als Lern- und Gestaltungsraum Möglichkeiten bietet, um der Verhärtung von Geschlechterstereotypen entgegenzuwirken und welche Funktion dabei den Lehrpersonen zufällt, dann sollte zunächst betrachtet werden, ob Kinder geschlechtsspezifische Erwartungen an sich überhaupt wahrnehmen und wenn ja, wie sie mit diesen umgehen. Erst vor diesem Hintergrund können weitere Überlegungen zum Umgang mit Geschlechterstereotypen in der Grundschule plausibel dargelegt werden.

1.2 . Kindliche Wahrnehmung von Geschlechterzuschreibungen

Es ist bisher schon deutlich geworden, dass Kinder bereits in jungen Jahren über festgelegte Geschlechterstereotypen verfügen. Diese bleiben bis zur Pubertät relativ starr, was auf den sozialkognitiven Entwicklungsstand Heranwachsender zurückgeführt wird: Erst nach und nach können sie die Perspektive Anderer übernehmen und ihrer eigenen gegenüber stellen. Dies ermöglicht schließlich, Erwartungen an die eigene Person mit den Erwartungen an andere Personen zu vergleichen und zu hinterfragen, wie jene Erwartungen zu verstehen sind. Dies gilt auch für geschlechtsspezifische Erwartungen.[11]

Befragungen von 1980 und 2010 dazu, wie Mädchen und Jungen im Alter von etwa zehn Jahren ihr eigenes und das andere Geschlecht wahrnehmen, haben ergeben, dass Jungen zufriedener mit ihrem Geschlecht sind. Sie empfinden sich schon in diesem Alter als das stärkere Geschlecht: Sie seien körperlich, technisch sowie mathematisch überlegen, während sie Mädchen oft als „Zicken"[12] wahrnehmen. Im Gegensatz dazu haben viele Mädchen ein positives Bild von Jungen, da diese eine „(...) größere Handlungs- und Bewegungsfreiheit"[13] hätten. Kritische Äußerungen betreffen meistens das soziale Verhalten der Jungen. Mädchen gefällt an sich, dass sie „anderen helfen"[14], „fürsorglich"[15] sind und „gut

---

[11] vgl. Ludwig, Heidrun/Ludwig, Peter H.: Disparitäten bei Erfolgserwartungen zwischen Schülerinnen und Schülern. Eine Einführung In: Ludwig, Heidrun/Ludwig, Peter H. (Hrsg.): Erwartungen in himmelblau und rosarot. Effekte, Determinanten und Konsequenzen von Geschlechterdifferenzen in der Schule. Weinheim/ München: Juventa Verlag. 2007. S.7ff. [Im Folgenden zitiert als [Ludwig 2007]].
[12] Sasse, Ada/Valtin, Renate: Ich bin gerne ein Mädchen. Ich bin gerne ein Junge. Selbstbilder von Kindern in der Grundschule. In: Deutsch differenziert. Zeitschrift für die Grundschule 1/2011. S. 15. [Im Folgenden zitiert als [Sasse/Valentin 2011/b]].
[13] ebd. S. 15.
[14] ebd. S.15.
[15] ebd. S.15.

aussehen"[16]. Alles Merkmale, die stereotypisch nicht nur von Mädchen, sondern auch von Frauen erwartet werden. Die Annahme, dass sich 2010 das gesellschaftliche Bewusstsein hin zu mehr Gleichheit zwischen den Geschlechtern und weg von konkreten Erwartungen sowohl an das eine als auch an das andere Geschlecht entwickelt hat und somit auch Kinder Geschlechtszuschreibungen mittlerweile anders wahrnehmen, bestätigt sich nicht. Vielmehr stimmen die Ergebnisse aus beiden Jahren nahezu überein. Erschreckend ist zudem, dass Mädchen 2010 durchweg gerne Mädchen sind, weil sie „schöne Haare haben"[17] und sich „schön anziehen können"[18], sich also nahezu ausschließlich auf ihre Attraktivität beziehen. Klug oder sportlich zu sein scheint hingegen keine Bedeutung zu haben. Äußerungen wie *„Eigentlich ist es egal, ob man ein Junge oder ein Mädchen ist, weil das, was ein Mädchen machen kann, auch ein Junge kann. Und umgekehrt(...)"*[19] sind selten.

Diese exemplarischen Äußerungen von Mädchen und Jungen offenbaren einerseits, dass Kinder bereits sehr genau wahrnehmen können, welche geschlechtsspezifischen Erwartungen an sie gestellt werden, wobei sie diese aber (noch) kaum individuell reflektieren und deuten können.[20] Andererseits wird deutlich, dass Geschlechterstereotype unbedingt weiterhin thematisiert werden müssen, um Kinder nicht zu Erwachsenen werden zu lassen, für welche die Verschiedenheit zwischen Männern und Frauen scheinbar gegeben ist und welche diese Ansicht schließlich an ihre Kinder weiter geben. Ein Teufelskreis, der durchbrochen werden sollte. Heranwachsenden sollte die Chance gegeben werden, über bestehende Rollenklischees altersgemäß kritisch nachzudenken. Bereits die Grundschule kann hierfür als Lern- und Gestaltungsraum dienen.

---

[16] ebd. S.15.
[17] ebd .S.15.
[18] ebd. S.15.
[19] ebd.S.15.
[20] vgl. Sasse/Valentin 2011/b. S.15.

1.3. Die Schule als Lern- und Gestaltungsraum kritischer Reflexion von Geschlechterstereotypen

Kinder brauchen Raum und Zeit, um scheinbar Selbstverständliches zu hinterfragen, Irritation sowie Vergewisserung zu zulassen, die eigene Wahrnehmung zu sensibilisieren und eine Identitätsfindung jenseits von Geschlechtszuschreibungen zu finden.[21]
Wie bereits erwähnt, kann und sollte schon die Grundschule in diesem Zusammenhang als Lern- und Gestaltungsraum einen Rahmen bieten, um „(…) mit […] Kindern über […] Festlegungen nach[zu]denken, sie [zu] hinterfragen und ein Spektrum an Rollenmustern [zu] entfalten (…)"[22]. Dabei sollten Stärken geschult, Unausgeglichenheiten aber entgegen gewirkt werden. Inhaltlich sollten lebenspraktische und ganzheitliche Angebote zur Verfügung stehen sowie die Schule nach außen und nach innen geöffnet sein, was z.B. so aussehen kann, dass Außenstehende in die Schule eingeladen werden, um über ihre (geschlechtsuntypischen) Berufe zu sprechen, um so Jungen und Mädchen (bisher) unbekannte Varianten und Möglichkeiten vorzustellen.[23]
Schule kann darüber hinaus in unterschiedlichen Dimensionen ein Raum sein, um kritisch über Geschlechterstereotype zu reflektieren: „[Sie] kann ein Lernraum sein, der korrigiert, gegensteuert, der hilft, Verhaltensprinzipien in die Balance zu bringen und die einzelnen Jungen und Mädchen ihr ganz individuelles Profil finden [zu lassen]. [Schule] ist angesichts der vorgängigen und parallel existierenden Sozialisationseinflüsse nicht ohnmächtig, nicht allmächtig, wohl aber partiell mächtig."[24] Dabei sollten Geschlechterstereotype aber nicht permanent thematisiert werden, da auch so Vorurteile geschürt und verstärkt werden können. Sinnvoll und hilfreich ist sicherlich immer ein geschlechtergerechtes Konzept für die ganze Schule[25], welches u.a. auch die regelmäßige Aus- und Fortbildung der Lehrkräfte beinhalten sollte. Aber schon der Einfluss und die Bedeutung der einzelnen Lehrkraft darf nicht unterschätzt werden.

---

[21] vgl. Börding, Monika: Eigenen Stereotypen auf der Spur. Gender – Trainings für Lehrerinnen und Lehrer – eine Annäherung. In: Grundschule 9/2009. S.34. [Im Folgenden zitiert als [Börding 2009]].
[22] Vach, Karin: Blauer Hund. Ein Bilderbuch für Mädchen und Jungen. In: Deutsch differenziert. Zeitschrift für die Grundschule 1/2011. S.22.
[23] vgl. Scholand, Barbara: Gerecht?! Geschlechtergerechtigkeit in Schule und Unterricht. In: Grundschule 9/2009. S. 17. [Im Folgenden zitiert als [Scholand 2009]].
[24] Sielert, Uwe: Das Anderssein anerkennen. Was Jungen und Mädchen unterscheidet – was Jungen und Mädchen brauchen. In: Grundschule 9/2009. S.12.
[25] vgl. Michalek/Schönknecht 2010. S.100.

1.4. Einfluss und Bedeutung der Lehrenden bei der Entwicklung und Hinterfragung von Geschlechterstereotypen

Obwohl oft beklagt wird, Lehrer hätten im Vergleich zu anderen Faktoren kaum Einfluss auf einzelne Schüler, spielen sie in Wahrheit immer eine wichtige Rolle bei deren Sozialisation, denn sie sind immer Vorbild.[26] So auch in Bezug auf die Entwicklung und Hinterfragung von geschlechtsbezogenen Erwartungen.

Führt man sich zunächst vor Augen, dass nach wie vor mehr Frauen als Männer in Grundschulen tätig sind, wird deutlich, dass dies die Meinung verstärken kann, Frauen seien eher für soziale Berufe wie z.B. das Erziehen geeignet. Da es indes nicht Anliegen dieser Arbeit ist, jenes Phänomen genauer zu analysieren, soll die Verteilung von männlichen und weiblichen Lehrkräften in Grundschulen hier aber nicht im Detail betrachtet werden.

Entscheidend ist an dieser Stelle, dass die meisten Lehrkräfte ihr eigenes pädagogisches Handeln als geschlechtsneutral wahrnehmen, d.h., dass sie meinen, Jungen und Mädchen unabhängig von ihrem Geschlecht zu behandeln. In Wirklichkeit reagieren Lehrer im Schulalltag allerdings nur selten neutral auf das Verhalten ihrer Schüler und begründen jenes sogar oft direkt mit der angeblichen Verschiedenheit von Mädchen und Jungen, indem sie sich bspw. zu Äußerungen hinreißen lassen wie „Mädchen sind fleißiger, eifriger, vorsichtiger (...)"[27] oder „Jungen sind natürlich von der Disziplin her schwieriger".[28] Scheinbar sind die meisten Lehrer sich aber gar nicht darüber bewusst, dass sie somit auf Stereotype reagieren und, in der Wechselwirkung, auch agieren. Dies kann bewirken, dass Schüler vorrangig geschlechtsspezifische Rückmeldung erhalten,
was zur Festsetzung von Stereotypen führen kann. Tatsache ist, dass es für Lehrer schon allein deswegen schwirig ist, geschlechtsneutral zu handeln, weil sie es selbst nicht sind, da sie bereits als Frau bzw. als Mann stereotype Muster bei den Lernenden aktivieren. Geschlecht ist demnach immer Bestandteil des Schulalltags.[29]

Kinder brauchen tatsächlich sowohl Männer als auch Frauen als Vorbilder. Vor allem aber brauchen sie Lehrer, die ihr eigenes pädagogisches Handeln regelmäßig kritisch reflektieren und die eigene Geschlechterrolle sowie eigene Klischees überdenken. Erst dann können stereotype Erwartungen vermieden und Leistungen wirklich geschlechtsunabhängig

---

[26] vgl. Michalek/Schönknecht 2010. S.100.
[27] Kratky, Michael/Mayer, Edgar: Sein oder Schein? Doing Gender aus der Sicht von Lehrerinnen und Lehrern. In: Grundschule 9/2009. S.27. [Im Folgenden zitiert als [Kratky/Mayer]].
[28] ebd. S. 27.
[29] vgl. Kratky/Mayer . S.27.

bewertet werden.[30] Dies kann, wie bereits im Vorfeld angedeutet, u.a. durch Aus- und Fortbildungen gelingen, was im Rahmen dieser Arbeit aber nicht spezifiziert werden kann.[31]

Neben der alltäglichen und unvermeidbaren Vorbildfunktion des Lehrers im Bezug auf die Entwicklung von Geschlechterstereotypen, sollten Letztere durchaus direkt im Unterricht thematisiert werden. Das kann in jedem Fach und in jeder Altersgruppe gelingen, wodurch schon in der Grundschule Grundlagen für die produktive Mitwirkung von Schülern an der Gestaltung von Geschlechterzuschreibungen gelegt werden können.[32] Grundschüler sollten dabei dazu animiert werden, bestehende Rollenmuster überhaupt erst einmal wahrzunehmen und über sie nachzudenken. Dabei können sie auch geschlechtsbezogene Verhaltensweisen und Interaktionen immer wieder neu entwerfen und ausprobieren: „Indem Raum für andere (geschlechtsuntypische) Verhaltensweisen gegeben wird, können Verhaltenserwartungen und die Interaktionen zwischen Jungen und Mädchen beeinflusst werden."[33]

Die Thematisierung von Geschlechtsstereotypen muss altersgemäß und greifbar für die Lernenden sein, was durch eine Verbindung zu ihrem Alltag gewährleistet werden kann. Dies setzt zunächst voraus, dass sich die Lehrkraft Gedanken über passende und ansprechende Materialien macht.[34] Im Grundschulbereich eröffnen sich dabei viele Möglichkeiten. Eine davon ist der Einsatz von Bilderbüchern, welche die Geschlechterthematik aufgreifen, sie allerdings in einen kindgemäßen Rahmen setzen, so dass ein unmittelbarer Zugang für die Kinder ermöglicht wird. Im weiteren Verlauf soll ein solches Bilderbuch vorgestellt werden. Dabei wird deutlich werden, weshalb sich gerade dieses Buch für den Einsatz im Deutschunterricht der Grundschule eignet und welche Rolle ihm bei der kritischen Hinterfragung von Geschlechterstereotypen zukommen kann.

Vorab erscheint es allerdings sinnvoll, auf den möglichen Einfluss von Bilderbüchern auf die kindliche Sozialisation einzugehen und darzulegen, welche Art von Bilderbüchern sich tatsächlich zur Thematisierung von Geschlechterstereotypen eignet.

---

[30] vgl. Cornelissen, Waltraud: Geschlecht: immer noch Thema? Mädchen und Jungen in der Schule: Einblicke in die deutsche Schule. In: Grundschule 9/2009. S. 8.
[31] vgl. Börding 2009. S. 32ff.
[32] vgl. Sasse, Ada/ Valtin, Renate: Mädchen und Jungen in der Schule. Sind sie gleichermaßen auf das Leben vorbereitet? In: Deutsch differenziert. Zeitschrift für die Grundschule 1/2011. S.6
[33] Börner/Buchholz 2011. S. 7.
[34] vgl. Scholand 2009. S.17.

2. Das Bilderbuch und der kindliche Rezipient

2.1. Was ist ein Bilderbuch?

„Im modernen Sprachgebrauch definiert man als Bilderbuch ein Buch, das für Kinder im Alter von 2-8 Jahren entworfen wurde und in seiner Gestaltung und Struktur darauf abzielt, Handlungsabläufe vorwiegend visuell zu vermitteln."[35] Somit ist für die Rezeption eines Bilderbuches nur teilweise sein Text mitentscheidend, abhängig von der jeweiligen Form des Bilderbuches: Vom sogenannten textfreien Bilderbuch bis hin zum Bilderbuch mit gleichrangigem Text existieren die unterschiedlichsten Varianten. Das Besondere an Bilderbüchern ist ihre inhaltliche und ästhetische Gestaltung, welche, wenn sie gelungen ist, ihre Rezipienten fesseln und u.a. zur Entwicklung von Lesefreude beitragen kann.[36] Ganz nebenbei erfüllt das Medium Bilderbuch zudem bestimmte Funktionen, die von Bedeutung für die kindliche Sozialisation sein können.

2.2. Funktionen des Bilderbuches

Wenn man sich vor Augen führt, dass Bilderbücher meistens der erste Kontakt eines Kindes zur Welt der Bücher überhaupt sind, wird bereits deutlich, dass Bilderbücher einen besonderen Beitrag zur literarischen Sozialisierung eines Kindes leisten können: „Mit dem Bilderbuch lernen Kinder Bücher als Gesprächspartner kennen. Sie erleben Literatur z.B. als Möglichkeit, Erlebtes und Erfahrenes zu verarbeiten."[37] Hierbei kommt Erwachsenen eine wichtige Rolle zu, da diese zunächst die Bilderbücher aussuchen und sie gemeinsam mit dem Kind betrachten bzw. lesen. Bei der gemeinsamen Rezeption eines Bilderbuches „(…) kommt es zu unterschiedlichen Wahrnehmungen und Deutungen. Das fördert das Wahrnehmen und Denken aus unterschiedlichen Perspektiven und bahnt differenziertes Textverständnis an."[38]

---

[35] Fürst, Iris/ Helbig, Elke/ Schmidt, Vera: Kinder- und Jugendliteratur. Theorie und Praxis. Troisdorf: Bildungsverlag EINS. 2008. 2. Auflage. S. 96. [Im Folgenden zitiert als [Fürst/Helbig/Schmidt 2008]].
[36] vgl. ebd. S. 98.
[37] Gründungsprogramm des Bremer Instituts für Bilderbuchforschung: *http://www.bibf.uni-bremen.de/drupal/?q=gr%C3%BCndungsprogramm* S. 3. [Im Folgenden zitiert als [BIBF]].
[38] BIBF. S.4.

Zudem können Bilderbücher die Sprachentwicklung eines Kindes fördern. So kann das Zuhören geschult, sowie Wortschatz und Ausdrucksfähigkeit erweitert werden.[39] Bilderbücher können so lange und so genau betrachtet werden, wie das Kind es möchte. Auch ein permanentes Zurückblättern bzw. erneutes Lesen, Ansehen oder Vorlesen ist möglich. Hierin lässt sich das Medium Bilderbuch eindeutig von anderen (visuellen) Medien unterscheiden, die teilweise viel zu schnell am Kind vorbeiziehen (wie z.b. das Fernsehen) und so zu einer oberflächlichen Wahrnehmung führen können.[40] In diesem Zusammenhang offenbart sich eine weitere Funktion des Bilderbuches: Seine ästhetische Bedeutung. Die Relevanz der ästhetischen Funktion soll sich in diesem Rahmen jedoch darauf beschränken, dass Bilderbücher ein genaues Hinsehen schulen können.[41]

Zudem bieten Bilderbücher Kindern immer auch die Chance, sich auf eine besondere Art mit ihrem Umfeld auseinander zu setzen, denn durch das Bilderbuch kann das Kind „(…) an den Erfahrungen anderer [teilnehmen], hat aber zugleich den nötigen Abstand um durch aktives Zuhören, emotionale Beteiligung und reflektierendes Verhalten einen eigenen Erlebnisbereich zu entwickeln."[42] Häufig wird das Bilderbuch aus diesem Grund auch als *Fenster zur Welt*[43] bezeichnet, welches dem Kind eine Vielzahl an Ereignissen und Möglichkeiten aufzeigt, die ihm aus seiner eigenen Erlebniswelt vertraut sind.[44] Da dieser Aspekt des Bilderbuches von besonderer Bedeutung für die vorliegende Arbeit ist, soll er unter dem folgenden Punkt genauer dargelegt werden.

2.3. Das Bilderbuch als Fenster zur Welt

Der Säugling nimmt seine Umwelt vorrangig über die Haut und das Gehör wahr, während im Kleinkindalter dem Sehen als zentrales Sinnesorgan eine wichtige Rolle zufällt: „So sind die frühesten Eindrücke eines Kindes mit Bildern verbunden."[45] Es verwundert demzufolge nicht, dass Kinder von Bilderbüchern fasziniert sind, denn hier können sie alles „auf einen Blick"[46] sehen. Darüber hinaus bieten Bilderbücher eine inhaltliche Vielfalt, so

---

[39] vgl. ebd. S.3.
[40] vgl. Fürst/Helbig/Schmidt 2008. S. 103.
[41] vgl. BIBF. S.4f.
[42] Fürst/Helbig/Schmidt 2008. S. 100.
[43] vgl. Fürst/Helbig/Schmidt 2008. S. 95.
[44] vgl. Sahr, Michael/Schlund, Angelika: Das Bilderbuch in der Grundschule. Unterrichtspraxis. Regensburg: Wolf. 1992. S.10. [Im Folgenden zitiert als [Sahr/Schlund 1992]].
[45] ebd. S.8.
[46] Sahr/Schlund 1992.S.8.

dass für jedes Kind, und darüber hinaus für jede Lerngruppe, schnell ein thematisch passendes Bilderbuch gefunden werden kann.

Auch gesellschaftlich problematische Themen oder Ungereimtheiten werden mittlerweile immer häufiger in Bilderbüchern dargestellt. Die Rezeption solcher Bilderbücher, wenn diese gelungen sind, kann, wie bereits angedeutet, wie ein *Blick in die Welt sein*, der dem Kind hilft, eine Brücke zwischen der eigenen Erfahrungswelt und seinem Umfeld zu schlagen. Dabei sollte das Bilderbuch aber nie „(…) der bloßen Anpassung an vorhandene Normen und Verhaltensmuster dienen, sondern dem Kind helfen, autonomes Handeln, Kritikfähigkeit, Mut und Selbstbewusstsein zu entwickeln."[47]

Dies kann und sollte auch in der Auseinandersetzung mit möglichen Geschlechterstereotypen geschehen, auch wenn dieser Bereich eher zu jenen Themenfeldern zählt, welche als problematisch bezeichnet werden dürften. Allerdings gibt es durchaus Bilderbücher, die Kindern bewusst machen können, dass Geschlechtszuschreibungen, denen sie selbst von Geburt an ausgesetzt sind, hinterfragt werden und nicht einfach als gegeben hingenommen werden sollten. Natürlich ist in diesem Zusammenhang zunächst zu überlegen, wie und mit welcher Art von Bilderbüchern das überhaupt gelingen kann und welche Möglichkeiten darüber hinaus der Einsatz eines solchen Buches im Deutschunterricht bietet.

2.4. Welche Bilderbücher eignen sich zur Thematisierung von Geschlechterstereotypen mit Grundschulkindern?

Der Deutschunterricht der Grundschule kann Zeit und Raum für eine erste intensive Auseinandersetzung mit Literatur bieten. Vor allem in den ersten Schuljahren eignen sich hierfür Bilderbücher, was im Vorfeld deutlich werden konnte. Das entsprechende Bilderbuch kann, je nach Interesse der Lerngruppe und des Lehrers, aus zahlreichen Angeboten ausgewählt werden. An dieser Stelle soll dargelegt werden, worauf zu achten ist, wenn ein Bilderbuch ausgesucht werden soll, welches Geschlechterstereotypen thematisiert.

Zunächst sollte das Bilderbuch über Bilder verfügen, welche die Kinder, unabhängig vom Text, den Handlungsablauf begreifen lassen können, da „(…) sich das Denken des Kindes noch für lange Zeit im Bildhaften bewegt(…)"[48]. Der Umfang des tatsächlichen Textes ist weniger entscheidend, denn er kann vom Lehrer vorgelesen werden.

---

[47] Fürst/Helbig/Schmidt 2008. S. 102.
[48] Sahr/Schlund 1992. S.9

Inhaltlich sollte das Bilderbuch Geschlechterstereotype nicht direkt benennen, sondern vielmehr durch das Verhalten der handelnden Figuren darstellen. Denn diese sind es, mit denen die Kinder sich identifizieren und deren Erlebnisse sie verfolgen. Durch geschlechtsspezifisches Verhalten der handelnden Figuren allein dürfte es den Kindern jedoch noch schwer fallen, zu erfassen, worum es in dem jeweiligen Bilderbuch wirklich geht. Deshalb sollte das Bilderbuch einen Bezug für alle Kinder bieten, da sich möglichst alle Kinder betroffen und angesprochen fühlen sollten. Dies kann z.B. durch die Thematisierung von Spielsachen und Spielen erreicht werden, denn welches Kind spielt nicht gerne, schließlich ist doch das Spielen eine der ursprünglichsten menschlichen Verhaltensweisen überhaupt[49] und außerdem eine zumeist geschlechtsspezifisch konnotierte, denn wenn man sich vor Augen führt, womit Jungen und Mädchen eigentlich spielen und welche Spielsachen sie geschenkt bekommen, wird deutlich, dass hier oft eine klare Kategorisierung stattfindet: „Welches Spielzeug für Jungen oder Mädchen als geeignet betrachtet wird, ist in den Spielzeugkatalogen auch heute noch deutlich zu erkennen. „Jungen und Technik" und „Mädchen und Puppen" sind die beiden eindeutig getrennten Bereiche."[50] Zwar gibt es darüber hinaus auch geschlechtsneutrale Spielsachen wie Puzzle, dennoch passiert es häufig, dass Jungen und Mädchen bestimmte Erfahrungen gerade dadurch verwehrt werden, weil ihnen jeweils der Zugang zu bestimmten Spielsachen gar nicht erst ermöglicht wird. Dabei sollten „[...] Kindern mit unterschiedlichen Spielsachen auch unterschiedliche Erfahrungen [...] ermöglich[t]"[51] werden. Dies kann einen entscheidenden Einfluss auf ihre spätere Entwicklung ausüben. Wenn nämlich bspw. immer nur Jungen technische Spielsachen zur Verfügung gestellt werden, ist es logisch, dass die meisten Mädchen sich letztendlich nicht für einen technischen Beruf entscheiden. Andersherum verwundert es nicht, dass die Ansicht, Frauen seien die besseren Erzieher, nach wie vor weit verbreitet ist, wenn man bedenkt, dass sie bereits im Kleinkindalter an ihren Puppen „Fürsorge üben".

Die Darstellung von geschlechtsspezifischem Spielverhalten in einem Bilderbuch könnte eine (erste) kritische Auseinandersetzung mit einseitigen Geschlechterzuschreibungen mit Grundschülern ermöglichen, da es über das Spielen einen greifbaren und motivierenden Zugang für die Kinder bieten kann. Ein solches Buch scheint „Paul und die Puppen" von

---

[49] vgl. Wardetzky, Kristin: Am Anfang war das Spiel. In: Grundschule 9/2006. S. 6ff.
[50] Blank-Mathieu, Margarete: Kleiner Unterschied – große Folgen? Zur geschlechtsbezogenen Sozialisation im Kindergarten. Freiburg [u.a.]: Herder. 1997. S. 75.
[51] ebd. S. 76.

der schwedischen Autorin Pija Lindenbaum zu sein, das 2008 auf Deutsch erschienen ist und im Folgenden vorgestellt wird.

2.5. Das Bilderbuch „Paul und die Puppen"

2.5.1. Inhaltliche Zusammenfassung

In „Paul und die Puppen" geht es um den Jungen Paul. Paul geht in den Kindergarten. Dort spielen die Jungen meistens Fußball, kämpfen, bauen Roboter oder ärgern kleinere Kinder. Paul spielt zwar alles mit, aber er schielt gleichzeitig immer wieder zu den Mädchen rüber, die mit ihren Barbiepuppen spielen. Paul möchte auch gerne einmal mit Puppen spielen. So nimmt er eines Tages seine Barbie einfach mit in den Kindergarten, allerdings versteckt er sie in seinem Rucksack vor seinem Vater. Im Kindergarten versucht Paul, bei den Mädchen mitzuspielen. Diese wollen ihn jedoch zuerst nicht mitspielen lassen. Weil er aber so tolle Ideen hat, willigen sie schließlich doch ein. Als sich Paul und die Mädchen verkleiden und in Kleidern tanzen, kommen auf einmal die Jungen rein und Paul versteckt sich schnell auf dem Klo, weil er Angst hat, die Jungen könnten ihn auslachen. Aber das Gegenteil passiert: Die Jungen verkleiden sich auch und tanzen einfach mit. Das wiederum gefällt den Mädchen zunächst nicht. Aber am Ende spielen alle Kinder, immer noch in Kleidern, zusammen Fußball.[52]

2.5.2. Inhaltliche Aspekte und ihre Bedeutung für eine (erste) kritische Auseinandersetzung mit Geschlechterstereotypen

Die inhaltliche Fokussierung des Bilderbuches „Paul und die Puppen" auf das Spielen an sich sowie auf das geschlechtsspezifische Spielverhalten der Kinder, als auch die gelungene bildliche Darstellung des Geschehens, dürfte es den kindlichen Lesern leicht machen, einen direkten Zugang zum Buch zu finden. Es ist zu vermuten, dass sich alle Kinder auf ihre Art mit Paul identifizieren können, obwohl er ein Junge ist. So haben möglicherweise einige Jungen ebenfalls bereits erlebt, dass an sie die Erwartung gestellt wird, sie müssten sich immer für Fußball interessieren. Andere haben vielleicht erfahren, dass Jungen (angeblich) nicht mit Puppen spielen oder sich verkleiden sollten. Wohingegen einige Mädchen sicherlich schon einmal gehört haben, dass Kämpfen und Roboter bauen (stellvertre-

---

[52] vgl. Paul.

tend für die Beschäftigung mit technischen Dingen im Allgemeinen) doch nur etwas für Jungen sei.

Zudem spielen neben Paul auch die anderen Jungen und Mädchen im Buch eine wichtige Rolle, denn ihr Verhalten dürfte den meisten Kindern vertraut sein. Idealerweise finden sie sich in diesem selbst wieder oder erkennen „typische Spiele der Jungen" sowie „typische Spiele der Mädchen". Die kindlichen Rezipienten können hier also Erfahrungen wieder finden, die sie bereits selbst gemacht haben. Auch Widersprüchliches, wie die Freude an einem bestimmten Spiel bzw. Spielzeug und die Kommentierung von Erwachsenen „Das ist nichts für dich, denn du bist ein Junge/Mädchen", womit sicherlich schon die meisten Kinder in Berührung gekommen sind, wird in „Paul und die Puppen" offenbart. Zwar benennt die Autorin Missstände oder einseitige Zuschreibungen nie direkt, schafft es aber dennoch, sie so deutlich darzustellen, dass es für Kinder leicht sein dürfte, sie zu erkennen und zu begreifen.

Paul möchte nicht immer die gleichen „Jungenspiele" spielen. Dies lässt sich bereits auf dem Titelblatt erkennen. Auf diesem ist Paul zu sehen, wie er, scheinbar untypisch für einen Jungen, den Mädchen beim Spielen mit Barbiepuppen zusieht. Sein Blick lässt erahnen, dass er gerne mitspielen würde, was auch der Titel „Paul und die Puppen" vermuten lässt. Weitere Interpretationen sind möglich und die Kinder könnten sich an dieser Stelle dazu äußern, welchen Eindruck Paul auf sie macht und was in dem Buch wohl geschehen wird. Zwischenfragen dürften ergeben, dass die meisten Kinder Pauls Verhalten zwar fasziniert verfolgen, aber nur darauf warten, dass er für sein „untypisches" Verhalten „Ärger bekommt", indem z.B. die anderen Jungen ihn möglicherweise auslachen, sein Papa mit ihm schimpft oder die Mädchen ihn einfach nicht mitspielen lassen. Hierbei dürfte deutlich werden, dass die Kinder bereits genau wissen, was als „typisch männlich" und „als typisch weiblich" in Bezug auf Spielverhalten von Kindern, also von ihnen selbst, verlangt wird. Daher dürfte vor allem das Ende von „Paul und die Puppen" die meisten Kinder überraschen: Die Jungen lachen Paul nämlich gar nicht aus. Im Gegenteil, noch bevor sie überhaupt wissen, dass Paul sich gemeinsam mit den Mädchen verkleidet hat, da sich dieser auf dem Klo versteckt, finden sie Interesse an dem „Mädchenspiel", verkleiden sich auch und tanzen mit. Paul hat diese Reaktion nicht erwartet, denn er weiß, dass dieses Verhalten nicht „männlich" ist, ansonsten hätte er sich nicht versteckt und auch im Vorfeld keine Scheu davor gehabt, seinem Vater zu sagen, dass er seine Barbie mit in den Kindergarten nehmen möchte. Warum er, untypisch für die meisten Jungen, überhaupt eine Barbie hat, lässt sich nur vermuten und kann hier nicht begründet werden. Für das Textverständnis spielt es allerdings keine weitere Rolle.

Paul lernt erst am Ende des Buches, dass sein Verhalten akzeptiert wird und sogar Anerkennung findet, denn auch die anderen Jungen mögen es, sich zu verkleiden und zu tanzen. Er ist also nicht allein. Zudem willigen auch die Mädchen ein, Paul mitspielen zu lassen, was seinen tollen Ideen geschuldet ist, welche die Mädchen schließlich darüber „hinwegsehen" lassen, dass Paul ein Junge ist und somit eigentlich nicht bei dem „Mädchenspiel" mitmachen dürfte. Diese Einstellung der Mädchen wird noch einmal am Ende des Buches durch ein Mädchen dargestellt, welches mit grimmigem Blick zusieht, wie die Jungen auf einmal mitmachen. Dies kann so gedeutet werden, dass sie ihre eigene Identität (unbewusst) in Frage gestellt sieht. Zuvor war sie fest davon überzeugt, tanzen und sich verkleiden wären reine Mädchensachen, nun dringen die Jungen auf einmal in dieses „Mädchenspiel" ein, was sie offensichtlich ärgert (und vielleicht auch verwirrt). Die Grenze zwischen „Mädchen- und Jungenspielen" und somit zwischen Mädchen und Jungen an sich ist nicht mehr eindeutig. Den anderen beiden Mädchen scheint dies nichts auszumachen – sie freuen sich. Pija Lindenbaum begnügt sich an dieser Stelle aber nicht damit, die Jungen die „Mädchenspielräume" erobern zu lassen. Stattdessen lässt sie schließlich auch die Mädchen „Jungenspielräume" erobern, indem am Ende alle Kinder zusammen Fußball spielen - in ihren Kleidern. Sowohl die Jungen als auch die Mädchen überschreiten hier ihre (bisherigen) Grenzen und lassen sich auf neue Spielräume und somit auf variantenreiche Handlungsräume ein. Dies gilt auch für jenes Mädchen, das zuvor kritisch gegenüber den Geschehnissen war.

Die kindlichen Rezipienten des Buches erfahren hier gelungene Handlungsalternativen. Es wird vermittelt, dass Jungen und Mädchen spielen können, was sie wollen. Damit kann die Grundlage für weiterführende Auseinandersetzungen mit der Thematik des geschlechtsspezifischen Spielens und darüber hinaus mit dem kritischen Umgang von Geschlechterstereotypen an sich gelegt werden. Es lässt sich festhalten, dass sich das Bilderbuch „Paul und die Puppen" sehr eignet, um im Deutschunterricht der Grundschule Geschlechterstereotypen zu thematisieren. Wie das konkret funktionieren kann und wie die Schüler der ersten Klasse auf das Bilderbuch reagieren und sich mit dessen Hilfe (erstmalig) kritisch mit Geschlechterstereotypen auseinandersetzen, wird im folgenden, praktisch orientierten Teil der Arbeit, im Detail beleuchtet.

3. Unterrichtssequenz zum Bilderbuch „Paul und die Puppen"

3.1. Vorüberlegungen zur Sequenz und zur Lerngruppe

In der Klasse lernen 25 Kinder. Ich kenne sie aus mehreren Fächern, weswegen ich sie relativ gut einschätzen kann. Die Klasse ist sehr lernfreudig. Die meisten Kinder lassen sich schnell auf Lernangebote und Gedankenanregungen ein. Im Verlauf des Schuljahres habe ich bereits ein Bilderbuch mit der Klasse gelesen. Ich kann einschätzen, wie weit entwickelt die jeweiligen Schreib- und Lesekompetenzen der einzelnen Schüler sind, weswegen es mir möglich ist, entsprechende Arbeitsblätter zur Unterrichtssequenz zu gestalten. Letztere darf einen bestimmten zeitlichen Rahmen nicht überschreiten, da die Klasse zum Schuljahresende hin noch nicht alle Buchstaben kennen gelernt hat und die Mehrzahl der übrigen Deutschstunden dafür genutzt werden müssen. So steht bereits im Vorfeld fest, dass die Sequenz aus zeitlichen und organisatorischen Gründen insgesamt nicht mehr als fünf Deutschstunden umfassen kann. Daher ist es von Vorteil, dass die Kinder sowohl die Lernwerkstatt, die wir in einer der Stunden aufsuchen werden, als auch die Methode einer Lerntheke, welche ich mit ihnen durchführen möchte, bereits kennen.

Aufgrund des geringen Zeitrahmens und der Tatsache, dass es sich bei der Lerngruppe um eine erste Klasse handelt, in der es den meisten noch nicht bzw. kaum gelingt, sich in die Perspektive Anderer hinein zu versetzen und dies wiederum auf ihre eigene Perspektive zu übertragen, liegt der Fokus der Sequenz darauf, den Schülern einen ersten Denkanstoß zur Thematik der Geschlechterstereotype zu bieten und sie mit dieser vertraut zu machen. Die gesamte Sequenz soll sich deswegen vorrangig auf das Spielen sowie geschlechtsspezifisches Spielverhalten beziehen, wobei das Bilderbuch „Paul und die Puppen" im Mittelpunkt stehen soll. Dadurch erhoffe ich mir eine kontinuierliche Motivation der Schüler. Die gesamte Sequenz sollte durchgehend als ein Versuch verstanden werden, sehr junge Grundschüler an eine kritische Auseinandersetzung mit einseitigen Geschlechtszuschreibungen heranzuführen und sie somit ansatzweise für das Thema zu sensibilisieren.

3.2. Darstellung didaktisch-methodischer Entscheidungen

3.2.1. Tabellarische Sequenzplanung

Stunde	Thema/Inhalt(e)	Stundenziel(e)
1. Stunde	**Mein Lieblingsspielzeug ist…** -Phantasiereise ins Schlaraffenland der Spiele führt SuS[53] zu ihrem Lieblingsspielzeug -SuS sprechen, zeichnen und schreiben zu ihrem Lieblingsspielzeug - SuS stellen Lieblingsspielzeug vor	*Die SuS können ihr Lieblingsspielzeug im Klassenverband präsentieren.*
2. Stunde	**Mädchenkram – Jungenkram?** - anhand von Bildmaterial entscheiden SuS, was Mädchen- /Jungenspielsach. sind - Paul wird vorgestellt - SuS überlegen, was Paul wohl gerne spielt - das Buch wird vorgelesen - SuS stellen Vermutungen an und äußern sich zum Ende des Buches	*Die SuS können sich zum Spielverhalten von Jungen und Mädchen sowie zum Ende des Buches äußern.*
3. Stunde	**Der rote Erzählfaden** - Erstellung eines roten Erzählfadens - SuS gestalten eigenen Faden und markieren die für sie spannendste Stelle	*Die SuS können mithilfe des roten Erzählfadens eine Zusammenfassung des Buches erstellen und die für sie spannendste Stelle markieren.*
4. Stunde	**Mein Buch zum Buch (1)** - im Rahmen einer Lerntheke bearbeiten SuS Aufgaben zum Buch	*Die SuS können sich vertiefend mit dem Bilderbuch und seinen Inhalten auseinandersetzen.*
5. Stunde	**Mein Buch zum Buch (2)** - beenden der Lerntheke - in einem Abschlussgespräch äußern SuS sich zu ihrem eigenen Spielverhalten	*Die SuS können Aspekte des Buches ansatzweise auf ihr eigenes Spielverhalten übertragen und reflektieren.*

3.2.2. Einordnung in den Rahmenplan

Eine der wichtigsten Aufgaben der Grundschule wird im Rahmenplan des Landes Brandenburg folgendermaßen beschrieben: „Die Aufgabe der Grundschule ist es, Schülerinnen und Schüler bei der Entwicklung ihrer individuellen Persönlichkeit zu unterstützen und ihnen eine aktive Teilnahme am gesellschaftlichen Leben zu ermöglichen."[54] Bereits in diesem kurzen Zitat kann sich die Begründung für die hier beschriebene Unterrichtssequenz

---

[53] *SuS* steht im Folgenden in jeder Tabelle für *Schüler und Schülerinnen*.
[54] Rahmenplan. S. 7.

finden lassen, denn sie möchte dazu beitragen, dass Kinder über scheinbar Gegebenes in der Gesellschaft nachdenken und lernen, dieses kritisch zu hinterfragen. Dies wiederum ist von Bedeutung für ihre persönliche Entwicklung. In diesem Rahmen ist die vorliegende Sequenz darum bemüht, die Interessenwelt der Kinder anzusprechen. Sie sollen Inhalte sowie wichtige Gedanken und Zusammenhänge des Themas sowie des Bilderbuches erfassen und somit ihre **Sachkompetenz** schulen.[55] Wie es im Rahmenplan für den Bereich **Lesen- mit Texten und Medien umgehen** gefordert wird, lernen die Schüler in der Sequenz ein Werk der Kinderliteratur kennen.[56] Sie werden dabei dazu animiert, Schlussfolgerungen aus dem Bilderbuch zu ziehen, sowie ihre Gedanken und Meinungen zum Inhalt in mündlicher und schriftlicher Form zu äußern. Dabei tauschen sie sich mit Anderen aus und werden dazu angeregt, mit dem Text produktiv umzugehen.[57] Im Bereich der **personalen Kompetenz** werden die Schüler im Rahmen der Sequenz dazu befähigt, eigene und andere Vorstellungen, Erfahrungen und Gefühle wahrzunehmen und zu reflektieren. Sie lernen, über diese zu sprechen, zu schreiben und sie darüber hinaus auch in Texten zu erfassen. Dabei werden sie auch dazu animiert, ihre eigene Meinung darzulegen und zu begründen, aber gleichzeitig andere zu akzeptieren.[58] Im Bereich des **Schreibens** bietet die Sequenz zum Einen die schriftliche Auseinandersetzung mit dem Bilderbuch, wobei verschiedene Übungen unterschiedliches Fördern: Vom Freien Schreiben bis hin zum Lernwörter finden und schreiben, was in den Bereich der **Rechtschreibung** fällt, sind mehrere Übungsformen gewählt. Darüber hinaus lernen die Schüler, dem Text Informationen zu entnehmen, indem sie bspw. einen roten Faden gestalten und somit den Handlungsablauf darstellen. Sie dürfen ihre entstandenen Produkte in der Klasse präsentieren.[59]

Im Bereich **Sprechen und Zuhören** kann durch die kindgemäße Auswahl des Themas und des Materials der Sequenz das Interesse der Schüler an Gesprächen entwickelt werden, wobei sie immer auch eigene Erlebnisse und Erfahrungen ins Gespräch einbringen können. Dabei und durch das Verfolgen des Bilderbuches schulen die Schüler ihre Fähigkeit, zuzuhören, Abläufen zu folgen und Rückmeldung zu geben. Darüber hinaus wird durch den Einsatz eines Bilderbuches die Wahrnehmung nonverbaler Ausdrucksmittel trainiert.[60] All dies kann auch dazu beitragen, das **Textverständnis** zu entwickeln. In diesem Zusammenhang wird im Rahmenplan für das Fach Deutsch in der Grundschule sogar

---

[55] vgl. Rahmenplan. S. 17
[56] vgl. ebd. S. 19.
[57] ebd. S. 19.
[58] vgl. ebd. S.18.
[59] vgl. ebd. S.23.
[60] vgl. Rahmenplan. S.31

direkt vorgeschlagen, Lesebegleithefte und rote Fäden[61] einzuführen, Methoden, die Bestandteile der Sequenz sind. Abschließend lässt sich festhalten, dass zudem der Bereich **Schreibanlässe kennen und nutzen** durch die Sequenz abgedeckt werden kann, da die Schüler hier u.a. lernen, dass sie ihre Arbeits- und Lernprozesse schriftlich festhalten können.[62]

3.2.3. Begründung der Unterrichtssequenz und ihrer Strukturierung

Die Begründung der Unterrichtssequenz liegt einerseits darin, dass sie für die weitere Entwicklung der Kinder von Bedeutung sein kann. So werden den Kindern innerhalb der Sequenz, stellvertretend durch Paul, alternative Spielverhaltensweisen präsentiert, die sie so möglicherweise noch nicht kennen bzw. noch nie ausprobiert haben. Es kann durchaus passieren, dass die Kinder, wenn sie nun etwas spielen und jemand (erwachsenes) kommt dazu und behauptet „Das ist nichts für dich, das machen nur Jungen/Mädchen", entgegnen, dass das nicht stimme, denn schließlich könne jedes Kind alles spielen.

Gerade weil das Spielen eine solche bedeutende Rolle in der Kindheit spielt, scheint es angebracht, die Thematik der Geschlechterstereotype in einen Spielrahmen zu setzen. Bereits im Vorfeld wurde angedeutet, welche besonderen Vorteile dabei Bilderbücher spielen können, die jenes Thema aufgreifen. „Paul und die Puppen" erscheint mir dafür geradezu ideal, denn einerseits werden hier klare stereotypische Verhaltensweisen aufgezeigt, so dass es den Kindern leicht fallen dürfte zu folgen (schließlich kennen sie diese Verhaltensweisen von sich und anderen Kindern aus dem eigenen Alltag). Andererseits werden diese Verhaltensweisen nicht kritisiert, sondern es wird lediglich gezeigt, dass es auch anders gehen kann (durch Paul). Zunächst ist Pauls Umfeld irritiert (und das dürften auch die Schüler sein), aber schließlich wird sein Verhalten akzeptiert und bewirkt sogar Veränderung im Verhalten aller Kinder, was den kindlichen Lesern des Buches subtil vermittelt, dass es immer möglich ist, das eigene Verhalten zu ändern. Gerade weil das Bilderbuch „Paul und die Puppen" so viel Potential bietet, soll es im Mittelpunkt der Sequenz stehen und nicht nur gelesen sowie mündlich besprochen, sondern es soll darüber hinaus eine Lerntheke zum Buch durchgeführt werden, die den Kindern eine noch intensivere Auseinandersetzung ermöglichen kann.

---

[61] vgl. ebd. S.32
[62] vgl. ebd. S.33.

Im Vorfeld, währenddessen und abschließend erscheint es mir als zweckmäßig, dass die Kinder immer wieder eine Verbindung zu ihrer eigenen Lebenswelt herstellen. Sie sollen erfahren, inwiefern geschlechtsspezifisches Spielverhalten auch sie selbst betrifft und lernen, kritisch über scheinbar Gegebenes nachzudenken und sich begründend dazu äußern. Nur so kann am Ende der Sequenz ein Bogen gespannt und das Ziel erreicht werden, bereits Grundschüler zu einem (ersten) kritischen Nachdenken über Geschlechterstereotype anzuregen.

4. Die einzelnen Unterrichtsstunden zum Bilderbuch „Paul und die Puppen"

4.1. Didaktisch-methodische Darstellung und Begründung der ersten Stunde

Um die Schüler thematisch auf die Unterrichtssequenz einzustimmen, sollen sie zunächst selbst im Mittelpunkt stehen. Dies soll gelingen, indem sie von ihren eigenen Lieblingsspielsachen erzählen, was einerseits einen motivierenden Einstieg ins Thema ermöglicht und andererseits eine unmittelbare Verbindung zur Lebenswelt der Kinder schaffen kann. Darüber hinaus kann ich mir direkt einen Überblick darüber verschaffen, wie geschlechtsspezifisch die Lieblingsspielsachen der einzelnen Kinder tatsächlich sind. Zudem können in der folgenden Stunde einige Lieblingsspielsachen der Kinder aufgegriffen werden, was wiederum eine Verbindung zu ihrer Lebenswelt herstellen würde.

Der Einstieg soll durch eine Phantasiereise ins *Schlaraffenland der Spiele* gelingen, in welchem die Kinder schließlich auf ihr Lieblingsspielzeug treffen. Um der Geschichte zu folgen, sollen die Schüler ihren Kopf auf den Tisch legen und die Augen schließen. Dies schult ihre Konzentrationsfähigkeit. Zudem dürfte es ihnen leichter fallen, sich ihr eigenes *Schlaraffenland der Spiele* vorzustellen, wenn sie nicht durch visuelle Eindrücke um sich herum abgelenkt werden. Anschließend bitte ich die Schüler, zu erzählen, welches Spielzeug sie am Ende der Phantasiereise gesehen haben. Dies schult ihre Ausdrucksfähigkeit.

Da diese erste Stundenphase vorrangig auditive Lerntypen anspricht und viel Konzentration verlangt, soll nun ein Methodenwechsel folgen. Die Schüler sollen zu ihrem Lieblingsspielzeug zeichnen und schreiben. Dabei trainieren sie sowohl das Freie Schreiben als auch ihre feinmotorischen Fähigkeiten. Nach einer intensiven Auseinandersetzung mit dem eigenen Lieblingsspielzeug präsentieren die Schüler ihr Arbeitsblatt in der Klasse und stellen ihr Lieblingsspielzeug vor. Hierbei werde ich auch darauf achten, dass sie begründen, warum ihr Lieblingsspielzeug ihr Lieblingsspielzeug ist, um ihre Begründungsfähigkeit zu schulen. Zudem wird in diesem Rahmen ihre Arbeit gewürdigt.

4.2. Reflexion der ersten Stunde

Der Einstieg in die Stunde war für die Klasse sehr motivierend. Schon allein die Vorstellung, in ein *Schlaraffenland der Spiele* zu reisen, sorgte bei den Kindern für strahlende Augen. So folgten sie schließlich auch ganz leise meinen Schilderungen und hatten am Ende alle ein Spielzeug vor Augen. Sie wurden auch nicht unruhig, als ich anschließend jedes Kind erzählen ließ, welches Lieblingsspielzeug es habe. Während der folgenden Phase arbeiteten alle Kinder eifrig, einige schrieben von ganz allein, andere fragten nach, wie einzelne Wörter geschrieben werden. Natürlich waren hierbei große Unterschiede erkennbar. Von Bedeutung aber ist, dass alle Kinder gezeichnet und geschrieben haben. Abschließend präsentierten alle Kinder ihr Arbeitsblatt mit ihrem Lieblingsspielzeug und begründeten ihre Entscheidung. In dieser Phase lies die allgemeine Konzentration etwas nach, was vermutlich damit zusammenhing, dass es innerhalb der Stunde zwei Phasen gab, in denen die Kinder über ihr Lieblingsspielzeug berichten sollten. Im Nachhinein würde ich die erste Erzählrunde weglassen und die Kinder gleich schreiben und zeichnen lassen, um die relativ langen Zuhör-Phasen zu verringern. Dennoch hat die Stunde gut funktioniert und kann als gelungener und motivierender Einstieg in die Unterrichtssequenz gewertet werden.

4.3. Didaktisch –methodische Darstellung und Begründung der zweiten Stunde

Die zweite Stunde findet in der Lernwerkstatt der Schule statt, wo sich ein Whiteboard befindet. Auf diesem können die Schüler später das Bilderbuch „Paul und die Puppen" in Form einer Powerpointpräsentation verfolgen. Dies hat den Vorteil, dass alle gut sehen können und ich das Buch selbst nicht hin und her drehen muss, also zudem selbst einen optimalen Einblick erhalte. Die Vergrößerung des Bilderbuches verhindert zusätzlich, dass den Kindern die zahlreichen Details der einzelnen Bilder möglicherweise entgehen.
Zu Beginn der Stunde werden die Schüler jedoch erst einmal dazu aufgefordert, Bilder von Spielsachen und von spielenden Kindern den Kategorien „Mädchen" und „Jungen" zu zuordnen. Dazu hänge ich entsprechende Bilder im Raum auf (darunter auch einige Lieblingsspielsachen, die am Vortag erwähnt wurden) und fordere die Kinder dazu auf, in Gruppen zu überlegen, welche Bilder sie warum zu „Jungen" bzw. zu „Mädchen" sortieren würden. Anschließend sollen sie sich im Plenum äußern. Ich erhoffe mir durch dieses

Vorgehen, dass die Schüler bereits im Gespräch miteinander ins Zweifeln kommen und darüber diskutieren werden, ob Spielsachen und Spiele überhaupt entweder Mädchen oder Jungen zugeordnet werden können. Wichtig ist hier, dass ich nicht die Rolle derjenigen übernehme, welche die Kinder womöglich belehrt, sondern dass diese von sich aus, maximal durch Impulse meinerseits, ins Grübeln kommen. Was ein Junge als Jungenspielzeug einordnen würde, ist vielleicht das Lieblingsspielzeug eines Mädchens. Im besten Fall „scheitern" die Schüler an meiner Aufgabenstellung, finden dann aber eigene Lösungen. Es kann allerdings auch passieren, dass sie starre Einteilungen finden. Um dies aber möglichst von Anfang zu vermeiden, habe ich zusätzlich Bilder von Spielsachen und Spielen ausgewählt, die, trotz aller Zuschreibungen, im Allgemeinen als geschlechtsneutral empfunden werden, wie z.B. das Fangespielen. Die Schüler sollen an dieser Stelle durch Provokation motiviert werden. Im Plenum sollen die Bilder zugeordnet werden, wobei die Option besteht, Dinge, bei denen die Kinder sich nicht sicher sind oder die für beide zutreffen, in die Mitte zu hängen.

Sowohl die Einstiegsphase dieser Stunde als auch die der vorherigen Stunde dienen zur Einstimmung auf das Buch „Paul und die Puppen", dem zentralen Unterrichtsmaterial der Sequenz. In einem nächsten Schritt lernt die Klasse Paul kennen, dessen Bild ich vergrößert an die Wand hänge, vorstelle und erkläre, dass er, genauso wie die Kinder selbst, gerne spielt. Nun sollen die Kinder Vermutungen anstellen, was Paul wohl gerne spielt. Anzunehmen ist, dass die Kinder jene Spielsachen und Spiele mit Paul in Verbindung setzen werden, die immer noch im Raum hängen oder ihm ihre eigenen Lieblingsspielsachen und -spiele zuschreiben. Somit kann eine Überleitung zum Buch gelingen.

Ich habe mich dafür entschieden, den Kindern das Bilderbuch vorzulesen, da der Text, wie bereits erwähnt, relativ umfangreich ist und die Kinder sich vor allem auf den Inhalt konzentrieren sollen. Zudem kann ich auch Intonation und Stimmlagen besser darstellen als die Leseanfänger. Sie sollen das Vorlesen genießen und lesen dabei (unbewusst) sowieso mit, indem sie den Bildern und teilweise bereits dem Text folgen. Die Kinder schulen hierbei die Fähigkeit, einer Handlung zu folgen. In diesem Zusammenhang sollen sie am Ende der Geschichte Vermutungen darüber anstellen, wie die Jungen wohl reagieren werden, wenn sie merken, was Paul die ganze Zeit gemacht hat. Wie bereits unter *2.5.2. Inhaltliche Aspekte und ihre Bedeutung für eine (erste) kritische Auseinandersetzung mit Geschlechterstereotypen* erwähnt, gehe ich davon aus, dass die Kinder damit rechnen, dass Paul von den anderen Jungen ausgelacht wird. Das tatsächliche Ende wird für die meisten Kinder überraschend sein. Sie sollen sich schließlich spontan dazu äußern, was einigen sicherlich noch nicht leicht fällt, weswegen ich ihnen gegebenenfalls Impulse gebe, darüber hinaus aber versuchen werde, ihre Äußerungen unkommentiert stehen zu lassen, denn eine Wertung wäre hier fehl am Platz. Nur in einem wertungsfreien Rahmen können die Schüler lernen, dass sie sich trauen dürfen, ihre Meinung zu äußern und es unterschiedliche Wahrnehmungen (von Gelesenem) gibt. Hinzu kommt, dass es einige Kinder geben wird, die sich nun erst einmal gar nicht äußern wollen oder können, sondern zunächst über „Paul und die Puppen" nachdenken müssen. Auch diese Kinder sollen merken, dass es in Ordnung ist und man nicht immer gleich eine Meinung zu bestimmten Ereignissen (bzw. Inhalten) haben muss. Abschließend sollen sich die Kinder per Armmeldung dazu äußern, ob ihnen die Geschichte gefallen hat. Dies verschafft mir noch einmal einen Überblick darüber, ob „Paul und die Puppen" tatsächlich so spannend und interessant ist, wie von mir angenommen.

4.4. Die Reflexion der zweiten Stunde

Die zweite Stunde verlief besser, als ich vermutet hätte, denn die Kinder fingen sofort an, miteinander darüber zu diskutieren, ob Spielsachen und Spiele wirklich auf Jungen und Mädchen aufgeteilt werden könnten. Impulse meinerseits waren kaum notwendig. Die meisten konnten sich nicht darauf einigen, was sie wohin sortieren wollten. Auch im anschließenden Gespräch mit der ganzen Klasse wurden die unterschiedlichsten Meinungen deutlich. Die Kinder waren Feuer und Flamme für das Thema und die meisten offenbar gar nicht damit einverstanden, dass man Spielsachen und Spielzeug Mädchen bzw. Jungen zuordnen sollte. Einige Kommentare sollen an dieser Stelle exemplarisch aufgeführt werden.

Ella: „Also Barbies sind für Mädchen." Nino: „Aber mein kleiner Bruder spielt gerne mit Barbies – und ich manchmal auch."

Anna (nachdem zuvor entschieden wurde, das Bild, auf dem Kinder sich verkleiden, zu den Mädchen zu hängen): „Also ich bin mir nicht sicher... mmh... aber mein Bruder und ich verkleiden uns beide manchmal."

> *Thea: „Fußball ist mein Lieblingssport!" Christian: „Ja und Thea ist ein Mädchen!" (Mehrere Kinder nicken.)*

> *Jan: „Ich glaub, das geht alles für Beide." Martin: „Ja, finde ich auch." Tom: „Aber Jungen spielen doch nicht mit Barbies." Jan: „Naja, aber manchmal mit Puppen." Tom: „Ich nicht." Martin: „Aber Puppen sind doch keine Barbies." Jan: „Aber so ähnlich." Tom: „Stimmt nicht, ich spiel Fußball." Jan: „Ich auch." Thea (von hinten): „Ich auch!"*

Trotz oder gerade wegen dieser und etlicher weiterer, unterschiedlicher Meinungen, einigten sich die Kinder insgesamt schließlich sehr schnell darauf, dass alle Spiele und Spielsachen, die ich im Klassenraum aufgehängt hatte, weder Mädchen noch Jungen zugeordnet werden könnten, sondern alle in die Mitte müssten. Dieses Ergebnis war für mich erstaunlich, weil ich gar nicht damit gerechnet hatte, dass die Kinder von sich aus sofort dafür plädieren würden, dass alle Kinder mit allem spielen könnten. Allerdings waren von dem Ergebnis offensichtlich nicht alle Kinder überzeugt, so z.B. Tom, der aber durchaus nicht der Einzige war. Dennoch hatten diese Kinder keine alternativen Vorschläge zu dem von der Mehrheit geforderten Wunsch, alle Spielsachen in die Mitte zu hängen. Dies könnte ein Hinweis darauf sein, dass alle Kinder einen ganz individuellen Zugang zum Thema hatten. Einige schienen irritierter und in ihren bisherigen Denkmustern gestörter als Andere.

Interessant wurde es nun, als ich den Kindern „Paul und die Puppen" vorlas. Zunächst gingen die meisten tatsächlich davon aus, dass Paul jene Spiele mag, die an der Wand hingen oder aber sicherlich Freude an jenen Spielsachen hat, die sie selbst mögen, was bereits eine Identifizierung mit Paul andeutete. Der Geschichte folgten die Kinder sehr aufmerksam. Statt nun aber am Ende davon auszugehen, dass die Jungen bestimmt mit Paul mitspielen und ihn nicht auslachen werden, denn schließlich hatten die meisten Kinder der Klasse zu Beginn der Stunde noch behauptet, dass alle Kinder alles spielen dürften, waren nun fast alle davon überzeugt, dass Paul bestimmt ausgelacht wird. Es trat also genau das ein, was ich bereits im Vorfeld vermutet hatte. Dies liegt sicherlich auch daran, dass Pija Lindenbaum den Handlungsbogen ihres Buches so spannt, dass nahezu vermutet werden muss, dass Paul von den anderen Jungen für sein „mädchenhaftes Spielverhalten" ausgelacht wird. Die Kinder projizieren in ihre Vermutung bezüglich des Endes aber zudem eigene Erfahrungen. Tatsächlich zeigt sich hier, dass sie bisher kaum alternative Handlungsmöglichkeiten kennen gelernt haben und/oder noch nicht oft Geschichten gelesen haben, in denen am Ende etwas nicht Vorhersehbares geschieht. So meinte z.B. Nadja: „Das hab ich nicht gedacht."

Die Frage, warum denn so viele Kinder nicht mit diesen Ende gerechnet hätten, obwohl sie zu Beginn der Stunde noch behauptet hatten, alle Kinder könnten alles spielen, wollte ich mir aber für die nächste Stunde aufheben, da ich an dieser Stelle das Gefühl hatte, dass alle sehr nachdenklich waren und vielleicht erst einmal ihre Gedanken sortieren mussten. Abschließend bestätigten alle Kinder, dass ihnen „Paul und die Puppen" gefallen habe, was mir zeigte, dass dieses Bilderbuch tatsächlich in einer ersten Klasse eingesetzt werden kann. Das hat sicherlich auch damit zu tun, dass die Kindergartenzeit für die Schüler noch nicht lange zurück liegt und somit vertraut und greifbar ist.

4.5. *Didaktisch –methodische Darstellung und Begründung der dritten Stunde*

Die dritte Stunde soll vor allem der inhaltlichen Reflexion des Bilderbuches „Paul und die Puppen" dienen. Dazu soll zunächst gemeinsam überlegt werden, was wann im Buch passiert ist. Dies soll mit Hilfe eines roten Erzählfadens geschehen, welchen ich den Kindern in einem Sitzkreis zunächst zeige und erkläre. Bilder der Geschichte sollen so an den roten Erzählfaden geordnet werden, dass eine Zusammenfassung der Geschichte entsteht. Das schult die Konzentrationsfähigkeit und macht zudem deutlich, wie genau sich die Schüler noch an die Geschichte erinnern können, welche für Erstklässler bereits relativ komplex erscheint. Im gemeinsamen Sitzkreis kann gemeinsam überlegt werden, was wann passiert ist. Nachdem der rote Erzählfaden erstellt ist, sollen alle Kinder, mit einer Büroklammer jene Stelle markieren, die für sie am spannendsten ist. Ihre Entscheidung sollen sie begründen. Das schult ihre Ausdrucksfähigkeit. Die Schüler setzen sich individuell mit dem Inhalt des Buches auseinander. Für mich ist es in diesem Zusammenhang interessant, zu sehen, welche Kinder sich tatsächlich für das „geschlechtsuntypische Spielen" von Paul interessieren (indem sie bspw. entsprechende Stellen als spannend markieren) und für welche Kinder dieses möglicherweise nur eine Nebenrolle spielt.

Anschließend sollen die Kinder einen eigenen Erzählfaden erstellen, wofür sie Bildmaterial von mir erhalten. Sie üben hierbei feinmotorische Arbeitstechniken wie das Schneiden und Kleben. Zudem müssen sie den Erzählfaden so anordnen, dass dieser überschaubar ist, sich also auf ihrem eigenen Blatt orientieren und anschließend die für sie spannendste Stelle markieren. Als Zusatzaufgabe darf zu der Stelle geschrieben werden.

Somit folgt in dieser Stunde einer gemeinsamen Arbeits- eine individuelle Arbeitsphase. In beiden können die Kinder sich individuell mit dem Buch auseinander setzen und lernen in Ansätzen die Arbeitstechnik eines Erzählfadens kennen, welche symbolisch auch für einen allgemeinen roten Faden stehen kann. Der Inhalt des Buches wird aufgedröselt und die Schüler benennen, welche Stelle sie am spannendsten finden, auch wenn diese nicht direkt mit Geschlechterstereotypen zu tun haben sollte. Damit erhoffe ich mir, alle Schüler dazu zu animieren, sich rückblickend mit dem Inhalt des Buches auseinander zu setzen und sich diesen noch einmal vor Augen zu führen, bevor in der folgenden Stunde eine Lerntheke zu „Paul und die Puppen" durchgeführt wird.

4.6.   Reflexion der dritten Stunde

Im Verlauf der dritten Stunde konnte ich feststellen, dass einige Kinder Inhalte von „Paul und die Puppen" mittlerweile durcheinander gebracht hatten. Somit schien es sehr sinnvoll zu sein, anhand eines roten Erzählfadens noch einmal aufzufrischen, was in „Paul und die Puppen" wann passiert. Das Erarbeiten eines eigenen Erzählfadens war anschließend relativ mühsam für einige Kinder, sollte aber deswegen nicht unbedingt beim nächsten Mal weggelassen werden, da die Kinder trainieren müssen, feinmotorische Techniken zu entwickeln. Wie zu erwarten war, interessierten sich manche Kinder für ganz andere Inhalte des Buches als das „geschlechtstypische" bzw. „geschlechtsuntypische" Spielverhalten der Jungen und Mädchen. Dennoch stellten alle durch die Markierung der für sie am spannendsten Stelle einen thematischen Bezug her, da sie sich mit dem Buch und seinem Inhalt beschäftigten, in welchem es eben um das Spielverhalten von Jungen und Mädchen geht. So legte bspw. Nino seine Klammer an den Fußball mit der Begründung: „Ich finde diese Stelle am spannendsten, weil ich auch gerne Fußball spiele." Dabei war es ja in der vorangegangenen Stunde Nino, der auch äußerte, dass sowohl sein Bruder als auch er selbst gerne mit Barbies spielen. Man könnte daraus schlussfolgern, dass Nino keine Scheu davor hat, sowohl mit dem einem als auch mit dem anderen zu spielen, weil es für ihn vielleicht bisher immer möglich war. Momentan interessiert er sich aber scheinbar mehr für Fußball. Andere Kinder markierten das Buch, welches die Tante im Buch den Kindern vor der Mittagsruhe vorliest. Karl schreibt dazu: „… weil ich wissen will, was im Buch los ist." Damit meint er wohl allerdings nicht das Buch, dass die Tante im Buch vorliest, sondern „Paul und die Puppen" selbst, so dass hier davon ausgegangen werden kann, dass

Karl sich für den gesamten Inhalt interessiert und gespannt darauf ist, was wohl als nächstes passiert. Die meisten Kinder beziehen sich aber auf das Ende des Buches und sagen, dass sie damit gerechnet haben, dass Paul ausgelacht wird oder sie wissen wollen, ob er auf dem Klo bleibt. Hier wird deutlich, dass die Wirkung von Pauls geschlechtsuntypischen Verhalten die spannendste Stelle für die meisten Kinder ist und somit vermutet werden kann, dass sie das Thema tatsächlich berührt (also „ergriffen") hat. Diese Form der Auseinandersetzung mit dem Buch und seinem Inhalt erscheint mir auch im Nachhinein als sinnvoll, da er die Kinder dazu auffordert, sich intensiv mit den Inhalten des Buches auseinanderzusetzen. Sie erfahren außerdem, dass andere Kinder andere Stellen spannender finden und begreifen somit in Ansätzen, dass jeder Mensch etwas anderes in einer Lektüre interessant finden kann. Das wiederum schult bereits im Groben die Einsicht, dass es unterschiedliche Perspektiven auf eigentlich Gleiches geben kann.

Zusätzlich habe ich die Kinder am Stundenanfang gefragt, warum sie denn zu Beginn der letzten Stunde behauptet haben, alle Kinder könnten alles spielen, aber dann überrascht waren, dass die anderen Kinder Paul haben spielen lassen, was er möchte. Einige Antworten der Kinder waren noch sehr unbestimmt, andere konnten oder wollten sich gar nicht dazu äußern. Wiederum andere aber konnten bereits sehr gut über diesen Widerspruch reflektieren. Das macht deutlich, dass die Kinder sich für unterschiedliche Sachen interessieren, sich selbst teilweise noch nicht sehr gut erklären können und/oder macht deutlich, dass die Kinder, wie in allen Bereichen, unterschiedlich weit in ihrer Entwicklung sind. Einige Antworten sollen an dieser Stelle beispielhaft aufgeführt werden.

> *André: „Ich dachte, die Jungen finden die Kleider nicht so schön." Nadja: „Ich dachte, die Jungen lachen Paul aus, weil die so gemein sind und nur prügeln und andere auslachen." Christian: „Naja, das sieht einfach komisch aus in dem Buch." Martin: „Ich dachte nicht, dass die Jungen tanzen." Thea: „Ich weiß nicht... Das hab ich nicht gedacht." Sebastian: „Die Jungs hätten ihn ja auch auslachen können."*

Es kann auch vermutet werden, dass für viele Kinder zwar vor der Rezeption von „Paul und die Puppen" feststand, dass alle Kinder mit allen Sachen spielen dürfen, aber der Abfolge der Bilderbuchgeschichte für sie darauf hätte hinaus laufen müssen, dass etwas „Schlimmes" passiert, schließlich versteckt Paul seine Puppe vor dem Vater und sich selbst auf dem Klo, als die Jungen kommen. Die Kinder haben zudem möglicherweise noch nicht (bewusst) die Erfahrung gemacht, dass Literatur nicht immer nur Realität abbildet wie sie ist, sondern auch so darstellen kann, wie sie sein könnte. Deswegen erscheint es sinnvoll, die Kinder in einer der weiterführenden Stunden zu fragen, wie sie das

Ende von Paul und die Puppen fanden, auch wenn die meisten es so nicht erwartet haben. Denn im besten Fall führt dieses dazu, dass die Schüler beginnen, das eigene und das Verhalten ihrer Mitmenschen (in Ansätzen) zu hinterfragen und die im Buch vorgeschlagenen Handlungsalternativen auszuprobieren. Auf diese Möglichkeit soll ebenfalls erst am Ende der Sequenz eingegangen werden, wenn die Schüler und ihr eigenes Spielverhalten wieder im Mittelpunkt stehen werden.

4.7. Didaktisch –methodische Darstellung und Begründung der vierten Stunde

In dieser Stunde stelle ich den Schülern zu Beginn die Lerntheke zu „Paul und die Puppen" mitsamt Pflicht- sowie Zusatzaufgaben vor. Die Kinder kennen dieses Verfahren bereits aus anderen Deutschstunden und wissen, welche Symbole welche Aufgaben sowie Arbeitsformen kennzeichnen. Sie wissen zudem, dass sie bei Fragen ihre Lernampel (jedes Kind hat eine an Platz) auf grün drehen sollen, damit ich sehe, dass sie eine Frage haben. Dadurch, dass die Kinder das Verfahren der Lerntheke bereits kennen, kann davon ausgegangen werden, dass sie relativ selbständig arbeiten werden. Da noch nicht alle fließend lesen und somit Schwierigkeiten beim Verstehen der Aufgabenstellungen auftreten könnten, werde ich vorab gemeinsam mit den Schülern die Aufgaben durchgehen. Die Lerntheke soll in der folgenden Stunde fortgesetzt werden, so dass am Ende ein kleines „Buch zum Buch" entsteht, welches die Kinder mit nach Hause nehmen dürfen. So lernen sie bereits in Ansätzen die Methode eines Lesebegleitheftes kennen.

4.8. Reflexion der vierten Stunde

Wie von mir erwartet verlief die vierte Stunde ohne Schwierigkeiten, da die Schüler bereits mit der Methode der Lerntheke vertraut sind. Zwar hatten einige hin und wieder Fragen und wollten z.B. wissen, wie man ein bestimmtes Wort schreibt, aber gerade für eine solche individuelle Hilfestellung eignet sich das Arbeiten mit einer Lerntheke. Zudem können die Schüler hierbei in ihrem individuellen Tempo arbeiten.

Mit Hilfe der Lerntheke konnten die Kinder sich schriftlich und gestaltend mit „Paul und die Puppen" auseinander setzen. Da es sich bei der Lerngruppe um eine erste Klasse handelt, waren die Aufgaben so angelegt, dass sie entweder ankreuzen, (aus)malen oder nur wenige Wörter bzw. kurze Sätze schreiben sollten. In diesem Zusammenhang konnten sowohl mehrere Kompetenzbereiche[63] des Deutschunterrichts gefördert als auch eine individuelle Auseinandersetzung mit dem Bilderbuch gewährleistet werden. Wichtig war es mir dabei, dass die Kinder auch festhielten, wie sie das Ende des Buches fanden und warum sie es so fanden. Dafür gab ich den Schülern unterschiedliche Hilfen, wie z.B. die Vorgabe mehrerer Adjektive, aus denen sie sich eines aussuchen sollten. Die Begründung dafür liegt darin, dass noch nicht alle Erstklässler über einen variantenreichen Wortschatz verfügen bzw. diesen noch nicht aktiv anwenden können. Durch eine vorgegebene Wortauswahl kann die Entwicklung und schließlich eine aktive Nutzung eines breiten Wortschatzes geschult werden. Bei der Begründung ihrer Wahl konnten die Kinder das freie Schreiben üben, wobei sehr interessante Sachen aufgeschrieben wurden, welche erneut die unterschiedlichen Zugänge der Kinder zum Buch und zum Thema deutlich machen.

Zusätzlich sollten die Kinder sich mit der Frage auseinander setzen, ob ihnen denn schon einmal etwas ähnliches wie Paul passiert ist, wobei es einigen Kindern schwer fiel, diese Frage zu beantworten. Leichter hingegen schien es zu sein, anzukreuzen, was Jungen und was Mädchen spielen dürfen. Die Kinder sollten hier über das Buch hinaus darüber nachdenken, welches Spielverhalten von Mädchen und Jungen sie selbst für „richtig" empfinden und inwiefern sie Pauls Situation nachvollziehen können, weil ihnen bereits etwas Ähnliches passiert ist. Letztere Frage scheint allerdings für einige Kinder noch zu abstrakt zu sein. Es fällt ihnen schwer, eine direkte Verbindung zwischen Paul und ihrem eigenen Leben zu knüpfen. Möglich wäre es, die Frage beim nächsten Mal zunächst im Plenum zu stellen, da Beispiele von anderen Kindern zum besseren Verständnis beitragen können. An dieser Stelle kamen also viele Nachfragen. Hatte ich es aber einmal erklärt, fiel vielen Kindern ein Beispiel ein.

Eine weitere Aufgaben bei der die Kinder eine direkte Verbindung zwischen sich selbst und dem Buch herstellen sollten, war die Zusatzaufgabe, die sie dazu aufforderte, sich selbst verkleidet zu zeichnen. Einerseits liegt die Begründung für diese Aufgabe darin, dass jene Kinder, die schon schneller fertig sind als andere nicht immer damit „bestraft" werden sollen, dass sie jetzt noch mehr lesen und schreiben müssen, sondern als Belohnung zeichnen dürfen. Zum anderen war es für mich interessant, zu erfahren, wie sich die Mädchen und die Jungen selbst verkleiden würden. Auffällig war, dass vorrangig geschlechtstypische Bilder entstanden sind: Die Mädchen stellten sich oft als Fee oder Prinzessin da, während die Jungen sich eher als Männer mit Bart oder Superhelden zeichneten.

---

[63] vgl. 3. 2.2. Einordnung in den Rahmenplan.

Das bedeutet meines Erachtens aber nicht, dass die Unterrichtssequenz ihr Ziel verfehlt hätte, sondern macht nur erneut deutlich, dass die Kinder von sich selbst sehr wohl ein auf ihr Geschlecht bezogenes Bild haben.

Um einerseits Wörter lesen und schreiben zu üben und sich andererseits mit der Frage auseinander zu setzen, was Paul (obwohl er ein Junge ist) alles mag, sollen die Schüler auf einem weiteren Arbeitsblatt in einem Rätsel die vier Wörter *Fußball, Kleider, Barbie* und *tanzen* finden. Diese sollen farblich markiert werden. Anschließend sollen die Kinder sie aufschreiben und in eine „leere Person" malen, was sie selbst mögen. Letztere Aufgabe stellt erneut eine Verbindung zwischen Kind und Buch her. Die Ergebnisse waren sehr variantenreich und machen deutlich, dass den Kindern noch viele andere Spielsachen am Herzen liegen außer die, die in „Paul und die Puppen" vorkommen bzw. die wir an der Wand hatten. Es gibt allerdings keinen Jungen, der eine Puppe malt und nur ein Mädchen, das einen eindeutigen Fußball malt. Das hatte ich auch nicht erwartet, denn die Kinder sollten ja durchaus einfach malen, was sie mögen und sich nicht irgendwas ausdenken. Zudem kann hier nicht erwartet werden, dass die Kinder plötzlich so reflektiert über ihr eigenes geschlechtsspezifisches Spielzeug bzw. Spielverhalten sind, dass sie an dieser Stelle möglichst „Jungen- und Mädchenspielsachen" malen.

Von Bedeutung ist aber, dass sie sich über die Lerntheke sehr intensiv mit „Paul und die Puppen" auseinandersetzen, was in dieser Stunde durchaus gelingen konnte. Den Schülern sollte dafür möglichst viel Zeit gegeben werden, weswegen auch in der fünften Stunde der Unterrichtssequenz an der Lerntheke gearbeitet wird.

4.9. Didaktisch –methodische Darstellung und Begründung der fünften Stunde

Wie bereits erwähnt, soll zumindest der erste Teil der fünften Unterrichtsstunde dazu genutzt werden, die Lerntheke zu „Paul und die Puppen" weiterzuführen. Die Schüler sollen ihre Aufgaben in Ruhe abschließen, damit sie am Ende der Stunde ein kleines Lesebegleitheft mit nach Hause nehmen können.

Am Ende der fünften Stunde möchte ich die Schüler in einem Klassengespräch dazu anregen, darüber nachzudenken, ob sie denn genau so spielen wie die Kinder in „Paul und die Puppen" und wenn ja, ob sie nun, nachdem sie erfahren haben, dass Paul es anders macht, auch anders spielen wollen und wie das z.B. aussehen könnte. Ich denke, dass dies einigen Kindern schwer fallen wird und möchte vermeiden, dass sie denken, dass sie ab heute andere Sachen spielen müssen. Deswegen werde ich, falls ich merke, dass die Kinder meine Frage anders verstehen als ich sie meine, ihnen das Beispiel geben, dass mir schon oft aufgefallen ist, dass nur die Jungen der Klasse auf dem Schulhof Fußball spielen.

Mit diesem Abschluss möchte ich die Unterrichtssequenz abrunden und die Kinder subtil bereits darauf aufmerksam machen, dass Inhalte eines Buches auf das eigene Leben übertragen werden können bzw. das eigene Leben möglicherweise nach der Rezeption eines Buches neu hinterfragt werden kann. Die Kinder sollen überlegen, was „Paul und die Puppen" mit ihrem eigenen Spielalltag zu tun haben könnte und ob sie sich selbst eher wie Paul, die Mädchen oder die Jungen verhalten. Dadurch, dass ich die Kinder im Plenum zum Gespräch anrege, könnte es durchaus passieren, dass sich einige Kinder (zunächst) zurück halten, sich aber äußern, sobald sie Beispiele und Meinungen anderer Kinder hören. Somit könnte im besten Fall erneut eine Diskussion entfacht werden. Es könnte umgekehrt aber auch passieren, dass die Kinder mit der Frage nichts anzufangen wissen. Das würde möglicherweise zeigen, dass sie ihre sozial-kognitive Entwicklung übersteigt und sie überfordert. Sie sollte dennoch gestellt werden, um z.B. jene anzuregen, die durchaus bereits etwas mit der Frage anfangen können. Deren Äußerungen wiederum könnten auch andere Kinder anregen.

4.10. Reflexion der fünften Stunde

Die Abschlussrunde lief besser, als von mir zunächst vermutet. So konnten sich fast alle Kinder auf meine Frage einlassen, wie und was sie spielen und wie sie, nachdem sie „Paul und die Puppen" kennen gelernt haben, ihr eigenes Spielen bewerten. Viele Kinder äußerten sich kritisch, waren dabei aber selten streng mit sich selbst im Sinne von „Das muss ich an mir ändern" o.ä. Vielmehr äußerten die meisten Kinder die Bereitschaft, alle anderen Kinder, also Jungen und Mädchen, an ihren Spielen teilhaben zu lassen. Das macht deutlich, dass fast alle Kinder glücklich mit jenen Spielen, die sie spielen, sind und bewusst nicht darüber nachdenken, ob sie gerade geschlechtsspezifisch spielen oder nicht. Nur wenige Kinder äußerten den Wunsch, dass sie gerne einmal andere Sachen spielen würden (so wie Paul im Buch).

Meine Vermutung ist, dass die meisten Kinder nicht darunter leiden, dass sie häufig geschlechtsspezifisch spielen bzw. geschlechtsspezifische Spielsachen haben. Sie spielen einfach und haben Spaß dabei. Die Bereitschaft, zu akzeptieren, dass alle Kinder alles spielen können und möglicherweise auch Jungen „Mädchensachen" bzw. andersherum spielen möchten, ist allerdings ein erster Schritt in Richtung Gleichberechtigung. Die (meisten) Kinder betonen, dass sie nichts dagegen haben, wenn andere Kinder bei ihnen mitspielen wollen und dass sie die anderen immer auch mitspielen lassen würden, unabhängig von ihrem Geschlecht. Wenn dies tatsächlich stattfindet, ist bereits erreicht, dass die Kinder von der ersten Klasse an Toleranz und Akzeptanz entwickeln. Darüber hinaus dürfte es ihnen selbst schließlich leichter fallen, selbst einmal andere Spiele auszuprobieren und „nicht nur" andere an ihren eigenen (geschlechtstypischen) teilnehmen zu lassen. Für Erstklässler halte ich das Ergebnis der Diskussionsrunde bereits für sehr gelungen. Auch die Tatsache, dass sich alle Kinder durchweg positiv zum Ende des Buches äußerten, macht deutlich, dass sie die im Buch aufgezeigten Handlungsalternativen ansprechend finden und sich mit diesen durchaus identifizieren können.

5. Schlussbetrachtungen

Davon ausgehend, dass ich mir im Vorfeld keine Vorstellungen davon machen konnte, inwiefern eine erste Klasse auf die Thematisierung von Geschlechterstereotypen durch ein Bilderbuch reagieren würde, war ich positiv überrascht vom großen Zuspruch der Klasse. Eine entscheidende Rolle spielte dabei die Auswahl des Bilderbuches „Paul und die Puppen", das es mir möglich machte, für die Kinder einen konkreten Zugang zu gewährleisten. Auch die Einführung des Themas über das eigene Lieblingsspielzeug sowie die Aufforderung, Spiele und Spielsachen Mädchen bzw. Jungen zu zuordnen, schaffte einen direkten Anknüpfungspunkt für die Kinder. Die anschließende Lerntheke bereitete den Kindern viel Freude und sensibilisierte sie in Ansätzen für das Thema, was in der Abschlussdiskussion noch einmal deutlich werden konnte.

Hätte ich für diese Unterrichtssequenz mehr Zeit gehabt, hätte ich mit der Klasse zusätzlich Rollenspiele und/oder Standbilder zum Buch realisiert. Auf diese Art und Weise hätten die Schüler einen noch intensiveren Bezug zu Paul und den anderen Figuren herstellen können, denn durch das Darstellen einer Figur setzt man sich mit
dieser noch präziser auseinander und wird dazu animiert, sich tatsächlich in sie hinein zu fühlen.[64]

Dennoch scheint eine erste Annäherung an einen kritischen Umgang mit Geschlechterstereotypen auch in dem zur Verfügung stehenden zeitlichen Rahmen durchaus gelungen zu sein. Zwar kann nicht davon ausgegangen werden, dass die Schüler von nun an grundsätzlich reflektierend an das Thema heran gehen und regelmäßig eigene sowie die Handlungen und Verhaltensweisen ihrer Mitmenschen auf einseitige Geschlechtszuschreibungen hinterfragen, allerdings haben die Schüler mit dieser Unterrichtssequenz in Ansätzen erfahren können, dass Unterschiede zwischen den Geschlechtern gemacht werden, die nicht einfach als Gegeben hingenommen werden sollten, sie aber bereits selbst betreffen. Ihnen konnte verdeutlicht werden, dass es fragwürdig ist, zu behaupten, es gäbe konkrete Jungen- und Mädchenspiele. Dieser Widerspruch schien den meisten Kindern bereits zu Beginn der Unterrichtssequenz aufzufallen. Anschließend wurde er immer wieder von den Kindern selbst oder von mir thematisiert und auch als Impuls in anderen Zusammenhängen genutzt. Einigen Schülern schien es in diesem Zusammenhang noch schwer zu fallen, zu erkennen,

---

[64] vgl. Scheller, Ingo: Szenisches Spiel – Handbuch für die pädagogische Praxis. Berlin: Cornelsen Scriptor 1998.

dass auch sie Teil an diesem Widerspruch tragen, wenn sie z.B. davon ausgehen, dass Kinder für „geschlechtsuntypisches" Spielen ausgelacht werden bzw. sie selbst andere Kinder nicht mitspielen lassen, weil diese das jeweils andere Geschlecht besitzen. Dies hängt meiner Meinung nach allerdings ausschließlich damit zusammen, dass es (fast allen) Kindern einer ersten Klasse noch schwer fällt, die Perspektive eines Anderen anzunehmen und auf ihre eigene zu übertragen. Sie müssen zudem erst lernen, dass auch sie durch ihr Handeln soziale Interaktionen mitgestalten und beeinflussen können.

Dafür sind weitere Auseinandersetzungen mit dem Thema notwendig, ohne die Geschlechterthematik zu überdramatisieren. Entscheidend ist, sich selbst im Schulalltag in konkreten Situationen immer wieder zu positionieren und z.B. Tom nicht darin zu bestätigen, dass nur Mädchen Springseilspringen oder Ella in dem Glauben zu lassen, sie könne etwas nicht, weil sie kein Junge ist. In diesem Zusammenhang kann immer auch Paul erwähnt werden, da er den Kindern bekannt ist und sie durch ihn erfahren haben, dass jedes Kind alles machen kann.

Abschließend möchte ich festhalten, dass ich die Unterrichtssequenz als gelungen empfinde und mich freuen, dass es tatsächlich möglich ist, bereits mit sehr jungen Grundschülern Geschlechterstereotypen im Deutschunterricht zu thematisieren.

6. Literaturverzeichnis

Blank-Mathieu, Margarete: Kleiner Unterschied – große Folgen? Zur geschlechtsbezogenen Sozialisation im Kindergarten. Freiburg [u.a.]: Herder. 1997.

Börding, Monika: Eigenen Stereotypen auf der Spur. Gender – Trainings für Lehrerinnen und Lehrer – eine Annäherung. In: Grundschule 9/2009. (S.32-34.)

Börner, Simone/ Buchholz, Thomas: Geschlechtsunterschiede – Erklärungsansätze und Strategien. In: Deutsch differenziert. Zeitschrift für die Grundschule 1/2011. (S. 7.)

Cornelissen, Waltraud: Geschlecht: immer noch Thema? Mädchen und Jungen in der Schule: Einblicke in die deutsche Schule. In: Grundschule 9/2009. (S. 6-8.)

Fürst, Iris/ Helbig, Elke/ Schmidt, Vera: Kinder- und Jugendliteratur. Theorie und Praxis. Troisdorf: Bildungsverlag EINS. 2008.

Kasten, Hartmut: Weiblich – männlich. Geschlechterrollen durchschauen. 2. Auflage. München: Reinhardt. 2003.

Kratky, Michael/Mayer, Edgar: Sein oder Schein? Doing Gender aus der Sicht von Lehrerinnen und Lehrern. In: Grundschule 9/2009. (S. 27.)

Lindenbaum, Pija: Paul und die Puppen. Weinheim/Basel: Beltz 2008.

Ludwig, Heidrun/Ludwig, Peter H.: Disparitäten bei Erfolgserwartungen zwischen Schülerinnen und Schülern. Eine Einführung. In: Ludwig, Heidrun/Ludwig, Peter H. (Hrsg.): Erwartungen in himmelblau und rosarot. Effekte, Determinanten und Konsequenzen von Geschlechterdifferenzen in der Schule. Weinheim und München 2007. (S. 7-15.)

Michalek, Ruth/ Schönknecht, Gudrun: Junge sein – Mädchen sein: Forschungsstand und Perspektiven. In: Heinzel, Frederike (Hrsg.): Kinder in Gesellschaft. Was wissen wir über aktuelle Kindheiten? Frankfurt/Main: Grundschulverband 2010. (S. 89- 102.)

Sahr, Michael/ Schlund, Angelika: Das Bilderbuch in der Grundschule. Unterrichtspraxis. Regensburg: Wolf. 1992.

Sasse, Ada/ Valtin, Renate: Mädchen und Jungen in der Schule. Sind sie gleichermaßen auf das Lebe vorbereitet? In: Deutsch differenziert. Zeitschrift für die Grundschule 1/2011. (S. 4-6.)

Sasse, Ada/ Valtin, Renate: Als Frau geboren? Geschlechterstereotype und Rollendifferenzierungen. In: Deutsch differenziert. Zeitschrift für die Grundschule 1/2011. (S.10-12.)

Sasse, Ada/ Valtin, Renate: Ich gerne ein Mädchen. Ich bin gerne ein Junge. Selbstbilder von Kindern in der Grundschule. Deutsch differenziert. Zeitschrift für die Grundschule 1/2011. (S. 14- 16.)

Scheller, Ingo: Szenisches Spiel – Handbuch für die pädagogische Praxis. Berlin: Cornelsen Scriptor 1998.

Scholand, Barbara: Gerecht?! Geschlechtergerechtigkeit in Schule und Unterricht. In: Grundschule 9/2009. (S.16-19.)

Sielert, Uwe: Das Anderssein anerkennen. Was Jungen und Mädchen unterscheidet – was Jungen und Mädchen brauchen. In: Grundschule 9/2009. (S. 10-12.)

Vach, Karin: Blauer Hund. Ein Bilderbuch für Mädchen und Jungen. Zeitschrift für die Grundschule 1/2011. (S.20-22.)

Wardetzky, Kristin: Am Anfang war das Spiel. In: Grundschule 9/2006. (S. 6-8.)

Gründungsprogramm des Bremer Instituts für Bilderbuchforschung unter der Leitung von Matthias Duderstadt und Jochen Hering:
http://www.bibf.uni-bremen.de/drupal/?q=gr%C3%BCndungsprogramm (19.11.2011)

Rahmenlehrplan für das Fach Deutsch in der Grundschule des Landes Brandenburg:
http://bildungsserver.berlin-branden-burg.de/fileadmin/bbb/unterricht/rahmenlehrplaene_und_curriculare_materialien/grundschule/Deutsch-RLP_GS_2004_Brandenburg.pdf   (19.11.2011)